感情制御の精神生理学

● 快不快の認知的評価

手塚洋介 Yosuke Tezuka

The Function of
Cognitive Appraisal on
Emotion Regulation:
A Psychophysiological Study

ナカニシヤ出版

序　章

"感情[1]は人生のスパイスであり，あらゆるドラマの源泉である"（Hassett, 1978／平井・児玉・山中編訳，1987）。喜怒哀楽の感情は日常に溢れており，われわれの生活は多様な感情に修飾され彩られている。しかしながら，すべての感情が人生を鮮やかに彩るわけではない。怒りや悲しみ，恐れや抑うつ，絶望など，回避したくなるようなネガティブ感情を誰もが経験する。こうした感情は，適切に処理されずに慢性化することで心身を蝕み，健康を阻害する機能を有しており[2]，適応的な社会生活を送るには感情を制御することが不可欠となる。

人は，さまざまな方略を用いて感情を制御すると考えられているが，その1つに認知的評価がある（Lazarus, 1999a）。状況の意味づけを担うこの過程には，感情の喚起や分化，あるいはいったん生じた感情の変化をもたらす機能があると古くから考えられているものの，実証的検討が十分になされてきたとはいえない現状にある。認知的評価の機能について検討を重ねることは，感情研究に関する基礎的知見に加え，健康と関連した応用科学にとっても有意な知見をもたらすものと期待されている（Gross & Thompson, 2007; Koole, 2009）。

本書は，認知的評価の感情制御機能について，精神生理学的手法を用いて検討した一連の実験研究の成果を纏めたものである。第1章は感情およびストレスに関する認知的評価理論の成り立ちと代表的な理論について，第2章は認知的評価の感情制御機能に関する代表的なモデルと心臓血管系精神生理学との関連性について，それぞれ研究史も踏まえて概観している。第3章から第6章には筆者らの実験結果を個別に示し，第7章を総合論議の場とした。読者には，

---

1) 感情に関連する用語はいくつか存在し，たとえば，感情（affect），情動（emotion），気分（mood），主観的情感（feeling）等が挙げられる（遠藤，1996; 濱・鈴木・濱，2001）。こうした用語の厳密な区別または統合は，感情研究が学際的に展開している現在においては，もはやほとんど不可能といっても過言でないように思われる（この問題に対する取り組みの詳細は，Russell（2003）に詳しい）。本書で取り上げている先行研究間でも，類似の現象を扱いながら使用している用語に違いが認められる。しかし，本書においてこれらの用語を区別することは，論文内容の理解を妨げる恐れがあると考えられることから，すべて感情という用語で総称することとした。

2) 言うまでもなく，ネガティブ感情には生体におけるポジティブな適応的機能も存在する（遠藤, 1996; Gross, 1999; Keltner & Gross, 1999; Lazarus, 1991, 1999a; Levenson, 1999; Mayne, 1999; Russell, 2003; Scherer, 2004）。第2章も参照のこと。

これらの成果を批判的に吟味検討いただきたい。

　本書の出版にあたっては，独立行政法人学術振興会の平成29年度科学研究費補助金（研究成果公開促進費：課題番号17HP5194）の助成を受けた。また，実験結果の掲載にあたり，同志社大学心理学会（第3章），日本行動科学学会（第4章），公益社団法人日本心理学会（第5章）および一般社団法人日本健康心理学会（第6章）より掲載許可を得た。

目　次

序　章	1
第 1 章　感情の認知的評価理論	**9**
第 1 節　認知的評価理論の起源　10	
第 2 節　ストレス研究における認知的評価理論の展開　12	
第 3 節　感情研究における認知的評価理論の展開　17	
第 2 章　認知的評価の感情制御機能	**23**
第 1 節　感情と健康　24	
第 2 節　感情制御のプロセスモデル　25	
第 3 節　心臓血管系精神生理学―血行力学的反応の古典的説明モデル―　28	
第 4 節　認知的評価と血行力学的反応　33	
第 5 節　認知的評価の感情制御機能に関する検討課題　36	
第 3 章　認知的評価がネガティブ感情反応の喚起に及ぼす影響	**41**
第 1 節　従来の認知的評価研究の方法論的問題　42	
第 2 節　ネガティブ感情反応の喚起に及ぼす認知的評価の影響（実験 1 ）　43	
第 4 章　認知的評価がネガティブ感情反応の喚起と持続に及ぼす影響	**55**
第 1 節　挑戦 – 脅威モデルに基づく認知的評価の操作　56	
第 2 節　言語報告を利用した認知的評価の	

感情制御機能の検討（実験2） 56

第5章 再評価がネガティブ感情反応の持続に及ぼす影響　67
第1節　ネガティブ感情の持続における再評価の機能　68
第2節　再評価がネガティブ感情反応の
　　　　持続に及ぼす影響（実験3）　69

第6章 再評価がネガティブ感情反応の持続と反復に及ぼす影響　81
第1節　成功‐失敗情報を利用した再評価の操作　82
第2節　再評価がネガティブ感情反応の持続と
　　　　反復に及ぼす影響（実験4）　83

第7章 総合論議　93
第1節　認知的評価の感情制御機能　94
第2節　制御機能のさらなる解明に向けて　95
第3節　結　び　97

引用文献　99
索　引　117
あとがき　125

感情制御の精神生理学
快不快の認知的評価

手塚洋介

The Function of Cognitive Appraisal on Emotion Regulation:
A Psychophysiological Study

第 1 章

感情の
認知的評価理論

第1節　認知的評価理論の起源

　感情は，古くから学術的興味の対象であった。西洋ではSocrates，東洋では老子の時代以前から哲学者の関心が感情に寄せられ，現代心理学における代表的な感情理論はいずれも西洋哲学の伝統のどこかに関連付けることが可能といわれる（Cornelius, 1996／齊藤監訳, 1999）。感情が哲学的分析から科学研究の対象となったのは，心理学が創始された19世紀後半以降とされる。感情の構造（Titchener, 1908; Wundt, 1910）や感情の表出（Darwin, 1872／1965），感情の喚起（Cannon, 1914; James, 1884）などについてさまざまな切り口から研究が行われ，今日の感情研究の基礎が築かれてきた（濱他, 2001）。

　感情研究はその後，行動主義の隆盛に伴い一時期停滞するものの，1960年代頃から徐々に再興の兆しを見せ始める（Cornelius, 1996）。上記の研究の流れを汲みつつ新たな視点が台頭し，たとえば，感情の表出に関する進化論学派や感情の喚起に関する生理心理学派などの他，喚起過程における認知の役割を重視した認知学派が登場する（濱他, 2001）。認知学派は，1950年前後のニュールック心理学ムーブメントの影響を受けながら，60年代に入り理論的枠組みを確立することとなる（Cornelius, 1996; Lazarus, 1999b）。異なる感情が生じる感情分化のメカニズムに注目し，当時の時代精神を反映した認知機能を重視する理論が構築されていった。

　認知学派の特徴は，種々の感情は人々が外的環境で起こる出来事の判断に規定され，出来事の個人的重要性の評価に影響を受けると考える点にある。そのため，認知学派が提唱する理論は評価理論とも呼ばれている。こうした考えの源流は心理学の成立以前に遡ることができ，古代ギリシャ時代からローマ時代，中世，近現代にかけて出現した代表的な哲学家（Plato, Aristotle, Seneca, Aquinas, Spinoza, Descartes, Humeなど）の認識論に窺い知ることができる（Lazarus, 1999b; Lyons, 1999; Schorr, 2001）。心理学草創期にも，Stumpf（1907）など，ヨーロッパを中心に感情喚起に及ぼす認知過程の影響を重視した研究者はいたものの（詳細はReisenzein, 2006; Reisenzein & Schönpflug,

1992),今日の評価理論の基礎は Arnold (1960) と Lazarus (1966) による部分が大きいというのが一般的な見解である。

　Arnold (1960) は,それまでの感情理論ではどのようにして感情が生じるのかという喚起の仕組みを十分に説明していないと指摘し,たとえば James (1884) の説について,刺激を知覚した直後に生じる身体変化を介して主観的な感情体験が生じると説明しているものの,この知覚がどのように機能することで身体変化を引き起こすかについて不明瞭であると批判した。彼女は,感情喚起過程における知覚の役割に注目し,知覚をいわば感覚的な知覚（"冷たい"知覚）と感情的な知覚とに区別した。前者は刺激の特徴を客観的に知ることであり,その刺激が自分にどのような影響を及ぼすのかという主観的な解釈を含まない。これに対し,その刺激を有益または有害[3]といったように,個人の重要性に照らし合わせて知覚することが後者である。人が,刺激が自らに及ぼす個人的な意味について評価し,刺激と自分自身との関係性を見積もることで,種々の感情は喚起されると Arnold は考えた。Arnold は,この感情的な知覚を評価 (appraisal) という用語で表わし,知覚－評価－感情という過程を経て感情が喚起されると系統化した。評価は,即時的,直感的,自動的に行われる意味判断の過程とされ,この定義はほぼそのままの形で現代の評価理論に受け継がれている。Arnold はまた,有益－有害の次元に加えて,感情の誘因となる対象がいつ（現在または未来）生じるのかという時間的な確実性と,対象への接近または回避の難易度を評価の構成要素とみなした。これらの組み合わせから,たとえば,好ましい刺激がすでに存在し,容易に接近可能と評価した場合には喜びが喚起し,刺激が存在しない場合には渇望の感情が生起すると考えた。Arnold (1960) によって感情研究における認知革命の土台が形作られ,感情における思考の役割を理解しようとする研究者への道標が示された点は,感情科学に対する不朽の貢献と考えられる（Cornelius, 1996)。

---

[3] Arnold (1960) は,有益－有害に関する評価次元を説明する際に,好ましい (desiable) －好ましくない (undesiabe) という用語を用いたりもしており,全般的には良い (good) －悪い (bad) という用語で総称している。

第2節　ストレス研究における認知的評価理論の展開

　Arnold（1960）が評価理論の起源であるのに対し，今日の評価理論の普及に最も影響を及ぼしたのは Lazarus（1966）とされる（Reisenzein, 2006; Scherer, 1999; Schorr, 2001）。ただし，Arnold（1960）がポジティブ感情を含む感情全体を研究対象としたのに対し，Lazarus（1966）はネガティブ感情を中心とするストレス反応に焦点を絞り，その個人差を説明する媒介変数として評価の機能を重要視した。

　Lazarus はストレス研究に従事するなかで，当時主流であった Selye（1956）の生理学的なストレスモデルでは，実生活にまつわるストレスを十分に説明できないと考えた。Selye（1956）は，生体が有害刺激に曝されると一様に汎適応症候群という非特異的な反応を示すことを見出したが，この反応がどのようにして生じるのか，有害刺激とそうでない刺激とはどのように区別されるのかという問題を検証しなかった。そこで，Lazarus はストレス反応が生じる過程に注目し，刺激を有害なものと同定する心理的過程を検討する必要性を主張した。また，生理学的ストレスモデルによれば，寒冷昇圧課題や暗算課題，あるいはポジティブ感情を伴う刺激であっても，それらが同様の生理的変化（たとえば，自律神経活動の亢進など）をもたらす限り有害刺激とみなされる（Lazarus, 1964）。しかし，たとえば，寒冷昇圧課題に対して生じるストレス反応が，冷水に手を浸すことが脅威であった結果なのかもしくは体温調節に関するホメオスタティックな反応なのかを区別できないし，同様に暗算課題の遂行に伴う反応の変化が，課題遂行に対する脅威によるものなのか認知的な努力に伴う単純な生理的覚醒なのかを区別できない。言い換えれば，生じる反応は同様であっても，ホメオスタシスに関わる生体の自動的な調節と脅威を感じることとは異なる問題であり，刺激と反応とを媒介する心理的過程を検討することで，生理学的ストレスに関する現象をより詳細にとらえられると Lazarus は考えた。

　Lazarus（1966）以前にも，たとえば，戦闘（Grinker & Spiegel, 1945）や医療手術（Janis, 1958），学位試験（Mechanic, 1962）などに関するストレス

研究において，評価の機能を示唆する知見がいくつかみられていた。Lazarus は，こうした先行研究やニュールック心理学の影響を強く受けながら，個人が自分自身のウェルビーイングを脅かすような状況に対して行う個人的重要性の評価に関わる内的過程に注目し，評価過程の機能を重視した理論の提唱に至った。研究当初は，かつての James（1884）と同じように知覚という用語を用いていたが（Lazarus & Baker, 1956），知覚という用語には個人のウェルビーイングを脅かすような重要性に関する個人的な意味づけ過程が含まれないとし，より適切な表現として Arnold（1960）が提唱した評価という用語を用いるようになった。さらに彼は，評価の機能にはより複雑な判断過程が内包されると考え，認知的評価（cognitive appraisal）という名称を与えたのである（Lazarus, 1964; Speisman, Lazarus, Mordkoff, & Davison, 1964）。Lazarus（1966）はまた，当時のストレス研究の知見を参考に，脅威という概念を自身のストレス理論の中核に据えた。動機を損なうものを有害と定義し，刺激を有害なものと意味づけることに伴い脅威が生起すると考えた。脅威こそがストレスの本質であり，生体に生じるストレス反応は認知的評価を介して生起した脅威を反映したものとみなした。

　Lazarus は，内省を重んじた Arnold（1960）の手法を批判し，実生活の脅威は実験室で代理的な経験が可能であると主張した。そして，実験的に認知的評価を操作することで自身の仮説を検証するという手法をとった。認知的評価によって脅威が規定されるのならば，認知的評価の操作に伴う脅威の変化はストレス反応に反映されるであろうとの仮説を基に，複数の実験が行われた。Speisman ら（1964）による報告は，認知的評価の機能を実証した最初の研究である。この研究では，無音の嫌悪映像（割礼儀式）を刺激とし，主観的な感情体験および心拍数（heart rate：以下，HR とする）と皮膚コンダクタンス（skin conductance：以下，SC とする）の2種類の生理反応を測定した。映像内容を説明する解説を用意し，映像呈示前には簡単な内容のみを教示し，映像呈示中にはストーリーの展開に対応させて詳細な解説を呈示した。解説の内容を群ごとに変えることで認知的評価の操作を試み，映像の嫌悪的側面には触れずポジティブな側面を強調した否認群，割礼の技術的側面に注意を向けさせ客観視するよう促した知性化群，映像の嫌悪的側面を強調した外傷群の3群と教

示を伴わない統制群を設定した。実験の結果，否認群と知性化群は他の2群に比べてSCが抑制されたのに対し，外傷群は最も大きな反応を示した。この結果は，解説に応じて群ごとに異なる意味づけがなされた証拠であると解釈され，認知的評価を介してストレス反応が緩和することが見出されたのである。この実験に続いたLazarusとAlfert（1964）では，Speismanら（1964）で得られた結果が，映像呈示前の解説によって群ごとに異なる評価が誘導されたためなのか，もしくは映像呈示中の解説によるものなのかを区別できないという問題を明らかにするため実験が行われた。先行研究と同様の手続きによって否認群と統制群が設けられたのに加え，映像呈示中に否認群に与える詳細な解説を刺激呈示前に事前に教示される定位群が作られた。その結果，2つの否認群は教示群に比べてHR，SCおよびネガティブ感情の値が低く，ポジティブ感情の値が高かった。また，この傾向は定位群においてより顕著であったことから，刺激に曝される前の意味づけを介して脅威が規定されると結論付けられた。同様の結果は，異なる人種（Lazarus, Tomita, Opton, & Kodama, 1966）や異なる嫌悪映像（Lazarus, Opton, Nomikos, & Rankin, 1965）を用いてもほぼ得られた。これら一連の精神生理学的実験の結果から，刺激呈示前の教示によって群ごとに異なる脅威が引き起こされ，結果としてストレス反応に差異が生じることが確認された。

　認知的評価がストレス反応の喚起を媒介することを実証したLazarusは，一次評価と二次評価という2つの下位概念を設けて，その機能をより詳細に定義した（Lazarus, 1966）。一次評価とは，脅威の生起と関連した，状況の個人的重要性について評価する過程である。これに対し，生起した脅威を低減しようとする意図もストレス反応の喚起に作用すると考え，状況をどのように変容すれば脅威が低減するかという対処可能性に関する評価（二次評価）の役割も重視した。2つの評価過程は，一方がより重要であるとか時間的に先行するとかいうのではなく，相互に影響し合うものと仮定されている。刺激の個人的意味を検出する機能と個人の刺激への関与を見積もる機能が考慮されている点は，用語は異なるものの，Arnold（1960）と同様の見解といえる（Reisenzein, 2006）。さらにLazarus（1966）は，防衛的再評価（defensive reappraisal）という概念も提唱している。彼のストレス理論によれば，個人が状況を脅威と評

価すると，次にその脅威を低減するための対処行動がとられる。対処行動は，問題解決を積極的に行ったり，逆に回避するなどの顕在化された行動を含む直接行為傾向（direct-action tendencies）と，何らかの手がかりをもとに状況を解釈しなおしたり，否認や合理化など防衛機制のように現実を歪曲して解釈するなどの認知活動とに大別される。Lazarus は，後者の認知活動を総称して防衛的再評価と呼び，評価過程にはストレス反応を生起させる機能だけでなく，いったん生じた反応の緩和をも目的とするような機能が備わると考えた。

　その後 Lazarus は，自身の理論をより精緻なものへと発展させていくなかで，認知的評価の定義にも変化をみせる（Lazarus & Folkman, 1984／本明・春木・織田監訳, 1991）。特に，一次評価のとらえ方に変化がみられ，個人がある出来事に遭遇した際に，無関係，無害（もしくは肯定的），ストレスフルのいずれかに意味づける過程と定義し直している。ストレスフルな評価はさらに分類され，出来事がすでに生じたものであれば有害－喪失と，将来起こりうる出来事に対しては挑戦－脅威のいずれかの評価を行うとされた。挑戦と脅威のどちらと評価されるかには二次評価も関与すると考えられており，両者は同時に生じうることもある。また，状況を挑戦と評価することで問題解決に意欲的に取り組む行動へとつながり，脅威と評価するよりも適応的意義が高いと考えられている。さらに，対処行動の定義にも変更があり，問題焦点型対処（problem-focused coping）と情動焦点型対処（emotion-focused coping）という2種類が提唱された。Lazarus らは，ストレス反応が生じた際に原因となる状況（問題）に直接はたらきかけを行おうとするか，もしくは生じた反応に焦点を当てるかによって取りうる対処行動が異なる可能性を指摘し，対処行動の型を見直した。以前に提唱した2種類の対処行動はどちらにも含まれるとし，たとえば，防衛的再評価に含まれるような方略については大半が情動焦点型対処に含まれる一方で，問題解決に向けた建設的な計画や戦略の練り直しをもたらす問題焦点型対処としての再評価もあるとした。そのため，すべての再評価が必ずしも無意識的で防衛的なものではないことから，防衛的という用語は使うべきではないとして認知的再評価という名称に表現を変えている。核となる用語の定義にいくらか変遷はあるものの，環境からの要求に関する評価とそれに対処するための個人の資源に関わる評価とのバランスによって，対処行動お

よびストレス反応が規定されるという基本的な主張は一貫している。

　Lazarus の認知的評価理論は，哲学的な内省だけでなく科学的手法に則って実証的根拠を蓄積することでその基礎が築かれており，この点が Arnold（1960）以上に現代の評価理論の発展に寄与していると評価される所以の１つと思われる。初期の精神生理学的実験にはじまり，大規模な質問紙調査を行うなどして根拠を蓄積する科学的手法の重要性は，現代の評価理論家の多くが採用していることからも窺い知ることができる（Scherer, 1999）。また，Arnold（1960）と異なりネガティブ感情を中心とするストレスに焦点を当てた点も，後の評価理論の普及と関係していると推察される。Lazarus（1966）によると，当時の行動主義全盛のアメリカ心理学界では，感情はこころの状態を表す非常に主観的なものという認識が強く，科学的研究の対象にはほとんどなりえなかった。一方，ストレスという用語は工学や医学で用いられてきたため，科学的で客観的な事象という印象を放ち，歪みを意味する概念として生体の適応（健康）現象を説明する際に利用しやすかったという。Selye がアメリカ心理学会で講演した1955年頃には，ストレスに関心を寄せる心理学者が多数存在したといわれ（小杉，2002），科学的研究の実践を所望する心理学者にとって，ストレスという用語は多くの魅力を持ち合わせていたと推察される。Appley と Trumbull（1967）によると，ストレスという概念が心理学界に受け入れられた理由として，（ａ）不安，葛藤，フラストレーション，自我脅威などのネガティブな心理学的現象をストレスの名の下に一括して扱うことができ，それらを超える魅力を持っていたこと，（ｂ）そうした心理学的現象を生理学的事実と対応させることが可能になったこと，（ｃ）宇宙開発や軍事目的などの特殊環境や心身症などの疾患に，心理学の立場から関わることが可能になったことなどが挙げられる（児玉，1988）。当時の研究では，ストレス反応の指標としてネガティブな主観的感情体験，外顕的な運動行動，意思決定に関する認知機能および生理反応の変化が主に採用されていた。認知機能を除く３つは感情の指標としても一般的なものであることから，ストレスと感情は本質的に相違ないものと考えられるはずであるが（Lazarus, 1966），当時の時代精神の表れなのか，ストレスという用語の持つ魅力も相まって，ストレス研究は急速な進展を遂げていく。そのなかで，Lazarus の理論も広く普及していったものと思

われる。ただし，Lazarus（1966）が提唱した認知的評価理論もすぐに心理学界に受け入れられたわけではない（Lazarus, 1999a）。当時のストレス研究にも行動主義の影響は色濃く表れており，初期の心理学的ストレス研究では，認知的評価にみられるような内的過程よりも，どのような生活上の出来事が人々に負担になるのかという環境的要因への関心が強かった（Cooper & Dewe, 2004／大塚・岩崎・髙橋・京谷・鈴木訳, 2006）。後に"ストレス戦争"（Deutsh, 1986）と呼ばれるような，心理学的ストレスと認知的評価に関連した論争を繰り広げながら，Lazarus の理論は次第に影響力を持つようになったと思われる。

　しかしながら，Lazarus と Folkman（1984）以降は，ストレス研究の領域では認知的評価の理論的進展がほとんどみられなくなる。この領域では，ストレス反応との関連性をとらえる目的から，質問紙を用いていかに認知的評価を測定するかという尺度開発の問題へと研究者の関心がシフトする（Monroe & Kelley, 1995／小杉監訳, 1999）。それに対し，認知的評価の機能に関する理論的実証的な検討は，本来の出発点でもある感情研究の領域で活発に展開されることとなる。さまざまな研究者が独自の理論を展開し，Lazarus 自身もストレスという用語では個人の適応を十分に説明できないと考え，感情をより包括的な概念とみなして自身の認知的評価理論の転換を試みていく（Lazarus, 1991, 1993, 1999a）。

第3節　感情研究における認知的評価理論の展開

　感情は，70年代後半から80年代にかけて，科学的研究の対象として成立する（Schorr, 2001）。行動を説明するうえで，内的過程の役割に関心が寄せられるなど時代精神に変化がみられたことや，研究手法の精緻化や開発などの方法論的発展などが影響したといわれる（Davidson & Cacioppo, 1992）。この時代にはまた，複数の研究者がそれぞれ独自の評価理論を提唱するなどし，感情研究における認知革命を迎えることとなる（Schorr, 2001）。こうした動向には，Arnold（1960）や Lazarus, 1966）など初期の評価理論以外に，感情と認知との関係を検討した他の研究からの影響も少なからずあったといわれる。たとえ

ば，SchachterとSinger（1962）の2要因理論は，感情研究における認知の役割を重視した初期の研究であり，行動主義が隆盛の時代に行われたことも相まって，評価理論の基礎を築いた研究として高い評価を受けている。他にも，評価という用語は用いられていないものの，類似の現象を扱った学習性無力感（Glass & Singer, 1972; Seligman, 1975）や認知行動療法（Beck, 1976; Bandura, 1977）などに関する研究の影響もあったとされる（Frijda, 1993a）。さらに，80年代初頭にZajoncとLazarusが *American Psychologist* 誌で展開した認知と感情に関する論争も，その後の評価理論の発展と深く関わっている。Zajonc（1980）は，自身の単純接触効果に関する成果などを引用しながら，感情が思考を介さないと論じた。これにLazarus（1981, 1982）が異議を唱えたところから，感情喚起過程における認知の役割の有無に関して議論が展開された（Lazarus, 1984; Zajonc, 1984）。この論争は，結局は両者が用いた感情と認知の定義の違いや2人が依って立つ哲学的な人間観の違いなどから，どのようにして感情が喚起されるのかという問題に対して生産的な成果をほとんどもたらさなかったものの（Cornelius, 1996; 加藤, 1998; Kleinginna & Kleinginna, 1985; Leventhal & Scherer, 1987），評価理論の再構築を促すとともに実証的な検証の必要性を広く知らしめることとなり，理論的基盤の強化につながった。

　このような背景のなか，複数の研究者が70年代後半から90年代にかけて，それぞれ独自の評価理論を提唱することとなる。複数の理論が同時発生的に勃興してきた背景には，評価理論の提唱者らが自身の主たる研究をそれぞれ異なる領域（たとえば，社会心理学，臨床心理学，パーソナリティ心理学，生物心理学など）で実践しており，研究者同士が学術的交流を持つような環境に乏しく，互いの研究に精通していなかった点が挙げられる（Schorr, 2001）。しかしながら，これらの理論はやがて，感情それ自体が独自の研究対象として成立するなかで，感情喚起と感情分化の両者に関する心理学的メカニズムを説明する唯一の理論（Scherer, 2004）[4] として広く認知されるようになる。評価理論の代表的な研究者の1人であるFrijda（1988）は，感情には9つの法則があると論じており，そのなかで評価に関する法則を挙げている。たとえば，"状況的意味の法則（the law of situational meaning）" とは，"感情はある状況の意味構造に反応して生じ，異なる感情は異なる意味構造に反応して生じる" という

もので，感情が喚起されるうえで個人が状況をどのように意味づけるかという点が説かれている。また，"関心の法則 (the law of concern)" として，"感情は個人の目標，動機，関心にとって重要な意味を持つ出来事に反応して生じる"という個人的重要性の影響も示されている。Frijda (1988) のこうした考えは，Arnold (1960) 以来受け継がれている評価理論の中核をなす命題である。いずれの評価理論の提唱者も，感情分化をもたらす意味構造の理解，すなわち評価過程の構造に関心を寄せている。しかし，その一方で，理論間での評価のとらえ方に相違もある。Scherer (1999) は，評価次元の扱い方に注目して，各理論を以下の4つに大別している。1つ目は，古くは Arnold や Lazarus など初期の評価理論にみられるような，複数の基準の存在を評価過程に想定する立場である (Frijda, 1986; Roseman, 1984, 1991; Roseman, Antoniou, & Jose, 1996; Scherer, 1984a, 1984b, 1986, 1988; Smith & Ellsworth, 1985)。基準はおおよそ4つ‐(a) 出来事に固有の性質 (たとえば，新奇性や快適性など)，(b) 個人的な目標や重要性，(c) コントロール可能性，(d) 価値や規範など個人における一貫性‐に集約され，これらの基準の組み合わせによって個々の感情が規定されると考えられている。2つ目は，Weiner (1982, 1986) に代表される，帰属に注目する立場である。この立場では，感情反応をもたらす責任の所在 (自己か他者か) やコントロール感などに焦点が当てられており，次元の組み合わせに応じて怒りや自尊心，恥などの感情が分化すると考えられている。3つ目は，個人的な目標に関連したテーマに沿って個々の感情が規定されるという立場である。代表的なものに，Lazarus (1991) のコアリレイショナルテーマ (core relational theme) が挙げられる。ここでのテーマとは，各感情を喚起する個人的な意味内容を表しており，ある状況の意味づけがテーマに沿う場合に，それに対応した感情が喚起されると考えられている。たとえば，怒りであれば，ある出来事を"自分自身および自分の所有物の品位を損なわせ

---

4) Izard (1993) は，感情は評価に関する認知系以外に，神経内分泌系，感覚運動系，動機づけ系の各系によっても引き起こされると主張している。これに関連して，古くから表情や音声，姿勢などの表出行動が感情喚起に強く関わると主張する研究者もいる (レビューとして，Laird & Strout, 2007)。評価理論の批判に対する反論については，Roseman と Smith (2001) や Scherer (1999, 2004) 等を参照されたい。

るような危害が加えられること"と評価することで喚起されると考えられている。Lazarus（1991）は，15の感情をもたらすテーマをそれぞれ提唱しており，その一部を表1に示した。また，SmithとLazarus（1993）は，基準とテーマとを組み合わせた2段階モデルを提案し，複数の基準によってテーマが規定され，テーマに応じた固有の感情が喚起されると理論を発展させている。最後に4つ目として，哲学者や認知科学者がとりうる，特有の感情語を使用する際の意味的命題の分析に焦点を当てる立場である。人が，自分自身の主観的な状態の説明に感情語を使用する際の論理構造を利用して，評価の役割を明らかにしようとするものである（de Rivera, 1977; Ortony, Clore, & Collins, 1988; Solomon, 1976）。以上，立場に応じて評価の構造のとらえ方に違いがあるものの，それぞれが提唱する評価次元の性質は非常に類似したものである（Scherer, 1999）。これらの理論は現在に至るまで，さまざまな手法を通じて実証的に検証されているが，その一方で，かつてのZajonc（1980, 1984）に代表されるような評価理論に対する批判も常に存在し続けている（詳細は，Roseman & Smith, 2001; Scherer, 1999）。

表1　各感情のコアリレイショナルテーマ（Lazarus（1991）より一部抜粋）

怒り	自分自身および自分の所有物の品位を損なわせるような危害が加えられること
恐怖	身体的危機をもたらす事柄への直面が差し迫っていること
悲しみ	取り返しのつかない喪失を体験していること
嫌悪感	不愉快な物事や考えを受け入れること，またはそれと近しくなること
喜び	目標の実現に向けて順調に前進すること
安堵	自己の目標と合致しない苦痛な状況がよい方向へと変化するまたは消失すると評価すること

　ところで，感情研究における認知的評価に関する研究は，感情喚起および分化に関する構造分析とは別に，ネガティブ感情の制御機能についても行われている（Gross, 1998a）。前者が感情分化をもたらす意味構造を明らかにすることを目的とするのに対し，後者に関する研究では意味の変容に伴う感情反応の変化に注目し，さらに心身の健康や個人のウェルビーイングに果たす機能的役割についても関心を寄せている。Lazarusが60年代にストレス反応の緩和機能を報告して以降，同機能に関する実験的検討はほとんど行われてこなかったも

のの，感情研究において評価の研究が進展するにつれ，ネガティブ感情の制御機能についても再び研究されるようになってきた。制御機能に関する研究は，構造分析に関する研究と同様に，Lazarus の理論的および方法論的影響を色濃く受けている点が大きな特徴といえる（手塚・鈴木・児玉，2005）。本書は認知的評価の制御機能について焦点を当てていることから，第 2 章では関連する先行研究について詳細を述べるとともに，その基礎となる感情と健康に関する問題ならびに心臓血管系精神生理学についても概観する。

第2章

認知的評価の感情制御機能

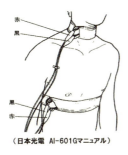

（日本光電 AI-601Gマニュアル）

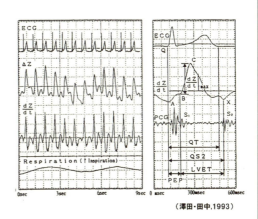

（澤田・田中, 1993）

第1節　感情と健康

　感情には，注意を焦点化したり関連する記憶ネットワークを活性化することで意思決定を迅速化する他，特定の行動を優先的に遂行させるなどの機能が存在する。また，こうした反応を効果的なものとするよう，生体の生理的活動や表出行動を組織化する機能も備わっている。つまり，感情には外的環境の変化に対処するため，生体反応を変化させるという適応的機能が組み込まれていると考えられている（Levenson, 1994）。このような変化は，生体が環境に適応するためホメオスタシスを一時的に崩壊させることで得られる，いわば短期的な恩恵とみなすことができるものの，生じた変化が元の水準に戻らない場合には生体に強い負担となり，感情の適応的機能が生体にむしろ破壊的に作用することとなる（Levenson, 1999）。現代社会では，平常時の代謝要求を超えるような強力な生理的活性を要する問題場面は少なく，過剰ともいえる生理的変化は結果として負の作用をもたらすリスクがあると考えられている（Cacioppo, 2002; Gross, 1998b）。そのため，ネガティブ感情をいかに制御するかということが，適応的な生活を送るうえで重要な役割を担うことになる（Gross, 1999; Gross & Thompson, 2007）。不適切な制御によるネガティブ感情の慢性的体験は，気分障害など精神疾患のリスクを高めるだけでなく（Jackson, Malmstadt, Larson, & Davidson, 2000），末梢器官のさまざまな機能不全を引き起こして種々の疾患と関連するなど，心身の健康に有害な作用を及ぼすと考えられている（Cohen & Rodriguez, 1995; McEwen & Seeman, 2002; Ryff & Singer, 2002）。特に，高血圧症や循環系疾患との関連性の強さは多くの研究が指摘するところである（Kubzansky & Kawachi, 2000; Mayne, 1999; Suls & Bunde, 2005）。

　感情と身体疾患との関連性を理解する有用な手段の1つに，精神生理学的手法を用いて末梢生理反応の動態をとらえようとする試みがある。疾病へと至る経路には，自律神経系や内分泌系，免疫系の活動が関わることから，心理的要因がこれらの生理学的要因にどのような影響を及ぼすのかに多くの研究者が関心を寄せている（Steptoe, 1991）。なかでも，感情と自律神経活動との関係は，

Lange（1885/1992）の血管運動理論とそれに対する Cannon（1927, 1931）の反証以降，今日まで続く感情研究の主たる関心の1つであり，両者の対応関係について古くから検討が重ねられてきた．そのためか，感情を制御することが生体にどのような影響を及ぼすのかという問題も，主に自律神経活動への影響に焦点を当てて研究が行われている．

第2節　感情制御のプロセスモデル

　感情制御（emotion regulation）[5]とは，個人が自分自身の感情状態を操作しようと意図的に行う試みを指す他，非意図的な行為も含まれる（Koole, 2009）．上述のように，感情の制御不全は心身の健康に負の影響をもたらすと考えられており，感情制御は個人のウェルビーイングの実現に重要な役割を担っている．感情制御に対する学術的興味は，感情に対するものと同様に古代ギリシャ時代から存在するといわれるが，心理学では80年代に幼児を対象とした発達研究において初めてこの用語が登場した（Campos, Barrett, Lamb, Goldsmith, & Stenberg, 1983; Gaensbauer, 1982）．成人を対象とした研究で用いられたのは，より最近のことである（Gross & Levenson, 1993; Izard, 1990）．感情制御は，防衛理論（Freud, 1936），ストレスと対処に関する理論（Lazarus, 1966），愛着理論（Bowlby, 1969）など，個人のウェルビーイングに関連した複数の理論を土台とし，心理学において最も関心を集めるテーマの1つとなっている（Koole, 2009）．

　感情制御が健康に果たす役割について，体系的な研究が行われるようになった足がかりの1つに，Gross（1998a）が行った認知的評価の制御機能に関する研究が挙げられる．それまでの感情制御に関する研究は，精神分析学や心身医学の流れを受けて臨床的観察に基づく研究が多く，精神生理学的手法などによる実証的研究はほとんど行われていなかった．わずかに，感情表出の抑制といった行動的方略の機能について実験がなされていたものの，感情表出の抑制は交感神経活動の亢進を介して生体に負担を及ぼす可能性があると考えられて

---

[5]　広義の感情制御には，幼い子どもに対する親のはたらきかけや自然環境によるストレス緩和効果など，外的要因によるものも含まれる（Koole, 2009）．

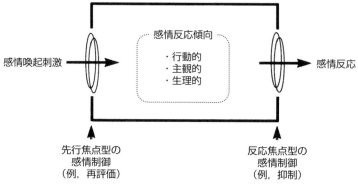

図1 感情制御のプロセスモデル (Gross, 1998a)

いた (Gross & Levenson, 1993, 1997)。Gross は，こうした知見を踏まえながら感情制御が生体に及ぼす影響をより詳細に検討すべく，Lazarus がかつて行った認知的評価の機能に関する実験研究 (Lazarus & Alfert, 1964; Lazarus et al., 1965, 1966; Speisman et al., 1964) に注目した。これらの成果によれば，状況をどのように意味づけるかという認知的方略にはネガティブ感情を緩和する機能が存在し，抑制にみられる効果とは異なり，感情制御が心身の健康に寄与する可能性があると期待できる。しかしながら，Lazarus らの研究の追試結果を眺めると，同様の効果を見出したものもあれば (Dandoy & Goldstein, 1990)，そうでない報告もみられるなど (Steptoe & Vögele, 1986)，認知的評価の制御機能に関する根拠は不十分であった。そこで Gross は，認知的評価の制御機能を再度検証しつつ，感情制御の方略による違いが生体に異なる影響を及ぼすのかについても検討するため，認知的評価と抑制の効果について検討を行った。

　Gross (1998a) は，感情制御の種々の方略が刺激入力から感情反応の出力という感情喚起過程のいずれかで作用するというプロセスモデルを考案し，認知的評価と抑制の効果をこのモデルを用いて説明しようと試みた (図1)。このモデルでは，感情喚起過程を制御過程ともみなし，感情喚起の原因となる環境情報の入力段階ならびに生起した感情反応を表出する出力段階をそれぞれ操作することで，感情が制御されると仮定している。認知的評価は，入力段階で

機能する先行焦点型方略（antecedent-focused emotion regulation）として，感情反応の形成に先行する制御過程として位置づけられた。これに対し抑制は，出力段階で作用する反応焦点型方略（response-focused emotion regulation）として，感情反応の表出に関わる制御過程として扱われた。プロセスモデルに従うと，先行焦点型方略は感情反応が形作られる前に機能するため，主観的および生理的な反応のどちらもが影響を受けるのに対し，反応焦点型方略は生起した感情反応をどのように表出するかという点に関わるため，感情反応それ自体は変化せず生理反応も亢進し続けると予想される。こうして，認知的評価と抑制は異なる効果をもたらすと仮説が立てられた。なお，Grossは評価の変容という点を強調すべく，認知的評価ではなく再評価という用語を採用した点を付記しておく。この実験では，火傷や腕切断など流血を含む医療用映像の呈示に先立つ教示によって，再評価と抑制を操作した。再評価群には，映像を客観視し嫌悪的側面に注意を向けないようにさせる知性化の操作に加えて，自分がどのような感情を抱いているかについて考えないようにと教示が与えられた。一方，抑制群には，映像呈示中に体験する感情を外見的に表出しないようにとの教示が呈示された。特別な教示がない統制群を加えた3群について，15の主観的感情体験と，脈波，皮膚温，SCおよび心臓の拍動間隔（interbeat interval: 以下，IBIとする）などの生理反応について比較した。実験の結果，再評価群は抑制群と統制群に比べて，主観的な嫌悪感情が低かった。また，生理反応は，抑制群の活動が総じて亢進し，再評価群と統制群には明確な差異が認められなかった。これらの結果から，抑制群は先行研究の知見と同じく生理的負担をもたらしうることが示唆されたのに対し，再評価にみられる先行焦点型方略は，主観的な負担を軽減する一方で生理的側面には効果を示さないと考察がなされた。結論として，認知的評価にみられる感情制御は心身のあらゆる側面に機能するとはいえないまでも，個人のウェルビーイングに一定の役割を果たすと論じられた。

　Gross（1998a）によって，かつてLazarusがストレス研究において示した認知的評価の制御機能が感情研究の文脈において再体系化された点は，感情制御に関する後の研究動向を眺めれば大きな意義を有している。この研究以降，プロセスモデルを基盤とした感情制御研究が多様な観点から行われるようにな

る（Gross, 2007; 手塚他，2005）。昨今の感情研究の進展も関わって，防衛機制やストレス対処などの機能的に類似した概念は，感情制御の名のもとに統合されつつあるといっても過言ではない（Gross & Thompson, 2007; Koole, 2009）。感情制御に関する文脈の中で認知的評価の機能が再注目されるとともに，認知的評価の制御機能に関する研究を通じて感情制御の役割が多くの研究者の関心を集めるようになったといえよう。

　認知的評価の感情制御機能について一定の理解が得られた一方で，検討すべき課題も残されている。Gross（1998a）の実験では，認知的評価を介して生理反応の亢進が緩和されなかったが，この点は予想された再評価の機能と異なるものであった。Gross は，実験刺激に関する問題を指摘してさらなる検討の必要性を唱えながらも，認知的評価が生理反応に影響しない可能性（Steptoe & Vögele, 1986）に言及している。しかしながら，後者の意見を結論とするには性急であり，異なる指標を用いて認知的評価の機能を検討してみる必要がある。特に，ストレスと心臓血管反応との関連を扱った研究領域には，感情制御機能を検討するうえで有用な情報が豊富に蓄積されていると思われる。実際，この領域での成果から，認知的評価が心臓血管反応に影響することが確認されており（e.g., Tomaka, Blascovich, Kelsey, & Leitten, 1993; Tomaka, Blascovich, Kibler, & Ernst, 1997），生理反応への影響という点で Gross（1998a）と相反する知見が得られている。心臓血管系指標を用いて認知的評価の機能を検討することは，自律神経活動への影響のみならず，循環系疾患に果たす認知的評価の機能的役割についても示唆を得ることができると期待される。次節以降では，ストレスに関する精神生理学的研究において認知的評価の機能が重視されるに至った歴史的背景と関連研究を概観し，感情制御研究における心臓血管活動の測定の有用性を議論する。

第3節　心臓血管系精神生理学
―血行力学的反応の古典的説明モデル―

　ストレス研究ではこれまで，主に心臓血管系指標を用いて自律神経活動を推定したり，心臓血管反応そのものの変化に注目したりしてきた。心臓血管系精

神生理学などとも呼ばれるこの領域では，ストレスなどの心理的要因と循環系との関連性に関心が集まるとともに，そうした心身相関が循環系疾患にどのように進展しうるのか理解を深めようと研究が進められている（Brownly, Hurwitz, & Schneiderman, 2000）。実験室や実生活を利用して，心理行動的要因が心臓血管反応の亢進にどのような影響を及ぼすのか検討が重ねられている。

このうち，心臓血管反応と対処行動に関する研究は，感情制御の機能を検討するうえで有用な基礎的知見を積み重ねてきたといえよう。環境への関わり方に応じて生体反応にどのような変化が生ずるのかという関心は，心身相関に基づく疾病理解のみならず，疾病予防に関する知見を得られるとの期待もあって，現在まで相当数の研究を引き起こした（Gerin, Pickering, Glynn, Christenfeld, Schwartz, Carroll, & Davidson, 2000; 澤田, 1998b; Waldstein, Bachen, & Manuck, 1997）。その源流の1つは，かつて Darrow（1929）が行った HR の反応方向の分化に関する実験にまで遡るといわれる（Hassett, 1978; Jennings & van der Molen, 2002）。Darrow（1929）は，感覚刺激と観念刺激（たとえば，前者は音刺激や触刺激，後者は性的な写真や言語）がもたらす反応について検討し，前者が HR の減少をもたらすのに対し，後者は HR を増加させることを見出した。両刺激は，心理的な覚醒を高める点で共通しているにもかかわらず異なる生理反応を惹起することから，心身の共変関係を説明した心理生理学的覚醒理論（詳細は，濱他, 2001）とは一致せず，後に Lacey らによる説明を待つまでこの現象の解釈は困難とされた。

Lacey, Kagan, Lacey と Moss（1963）は，複数の課題遂行中の HR および SC を測定したところ，いずれの課題でも SC は増加したのに，HR は一様の反応を示さなかった。HR は，文章完成課題や暗算などでは増加し，読書中に視聴覚性の妨害刺激が呈示されることで減少した。この結果は Darrow（1929）と一致するもので，一般的な心理生理学的覚醒理論では説明できなかったことから，Lacey らは一過性の HR の変化が個人的要因と環境要因の両者に依存すると考えた。Lacey（1967）では，HR の減少は情報の感覚的取入を反映し，HR の増加は情報の精神的同化を反映すると論じられ，さらに Lacey と Lacey（1974）において，環境の取入‐拒否モデルとして体系化された。外的情報を取り入れるために外界の出来事に注意を向け続けるというヴィジランスを要す

る事態ではHRが減少し，逆に外界の出来事を拒否し内的な認知的作業に没入する場合にはHRの上昇が生じると結論づけられた。

　これに対しObrist（1976）は，自身のそれまでの研究成果も踏まえながら，HRの変化は中枢活動を反映するのではなく身体活動に付随した結果であると論じた。さらに，HRのささいな変化を取り上げたところで，生体の適応に及ぼす心理的要因の影響を検討するには十分な情報は得られないと指摘し，血圧を中心とする心臓血管活動を全体的にとらえ，交感神経活動の変化について検討する必要性を主張した。Obrist は，自身の研究でそれまで採用していた嫌悪条件づけパラダイムを転用するとともに，状況への能動的な関与の影響も検討することで，HRの変化に反映される副交感神経系の活動だけでなく交感神経系の活動もとらえられると考えた。能動的な関与を扱うため，コントロールという概念を実験操作の中心に据えて，状況へのコントロールが可能である能動的対処とコントロール不可能でただ耐えるしかない受動的対処という2つの対処様式の違いに注目した。Obrist, Gaebelein, Teller, Langer, Gringnolo, Light, とMcCubbin（1978）では，能動的対処を要する課題として電撃ショック回避型の反応時間課題を，受動的対処課題として寒冷昇圧課題と性的映像をそれぞれ用いた。その結果，反応時間課題は他の2つの課題に比べ，収縮期血圧（systolic blood pressure：以下，SBPとする），HRおよび頸動脈の脈波変動の値が高く，拡張期血圧（diastolic blood pressure：以下，DBPとする）は低い値を示した。これらの指標の変化から，能動的対処課題ではβアドレナリン作動性交感神経の活性が，受動的対処課題ではαアドレナリン作動性交感神経の活性がそれぞれ主として作用したと推察され，コントロールの有無という対処様式の違いに応じて自律神経活動に異なる変化がみられ，血圧反応性が影響を受けることが観察された。

　Obristら（1978）の報告以降，能動的対処－受動的対処モデルに基づく研究を通じて心臓血管系精神生理学の基礎となる知見が蓄積されていくが（澤田，1998a，2001），この流れには血圧の昇圧機序を同定するための測定技術が心理学に導入されたことも強く関係している。Hilton（1975）によれば，中枢神経系はごく少数の反応パターンを生じさせるべく組織化されており，種々の末梢反応は個別に変化するのでなくパターン化された反応を示す。心臓血管系の

第3節 心臓血管系精神生理学—血行力学的反応の古典的説明モデル—

個々の反応もこれに漏れず，身体各組織からの代謝要求を満たすべく血液運搬を行うため，血圧を一定水準に維持するよう組織化されている（Julius, 1988; 澤田，1990）。血圧の調節は，心臓側および血管側の複数の要因の相互関係によって規定される（Obrist, 1976; 澤田，1990, 1998a）。心臓側の典型的なものとしては，HRの他に心臓から1回あたり拍出される血液量である一回拍出量（stroke volume：以下，SVとする）や，HRとSVの積として求めた心拍出量（cardiac output：以下，COとする）などがある。一方，血管側の測度として身体各部位での血管抵抗が挙げられ，精神生理学では古くは前腕血管抵抗が，最近では全末梢抵抗（total peripheral resistance：以下，TPRとする）が頻繁に利用される指標である。SBPとDBPから求めた平均血圧（mean blood pressure：以下，MBPとする）は，COとTPRの両者に影響を受け，MBP = CO × TPRという関係が成立する。この式が示すように刺激呈示に伴い血圧が増加する機序は，主にCOの増加に起因する場合とTPRに起因する場合の2種類の血行力学的反応パターンに大別され，前者は心臓優位型反応パターン（以下，心臓型とする），後者は血管優位型反応パターン（以下，血管型とする）[6]とそれぞれ呼称される（澤田，2004）。また，心臓型はβアドレナリン作動性交感神経と心臓迷走神経の影響を強く受けるのに対し，血管型はαアドレナリン作動性交感神経の亢進が主に関与している。アメリカ精神生理学会のガイドライン（Sherwood, Allen, Fahrenberg, Kelsey, Lovallo, & van Dooren, 1990）が公表されて以降，インピーダンスカーディオグラフィーを用いたSVの測定が多くの研究で行われるようになり，血行力学的反応に注目した研究が劇的に増加したといわれる（Kelsey, Reiff, Wiens, Schneider, Mezzacappa, & Guethlein, 1998; 澤田・田中，1993）。COとTPRを定量的に評価することが可能となり，血圧上昇をもたらす血行力学的な機序や自律神経系の関与が推定可能となったことで，どのような要因が血行力学的な差異をもたらすのかという点が問題視されていくこととなる。この反応分化の説明モデルとして，能動的対処 – 受動的対処モデルが位置づけられるようになる。さらに，それぞれの

　6） 機能に関する名称がもたらすラベルナルシシズムを危惧したWilliams（1986）は，心臓型および血管型をそれぞれパターンⅠとパターンⅡという名称で扱っていたが，この名称は現在ではほとんど用いられなくなっている。

血行力学的反応パターンに特有の病因論的特徴が潜む可能性も指摘されるなどし（Sherwood & Turner, 1995），心臓血管系精神生理学では血行力学的視点が強調されていく。

　いくつかの研究では，能動的対処課題として反応時間課題や暗算課題を採用し，受動的対処課題としては寒冷昇圧課題を用いて，各課題遂行中の血行力学的反応を検討している。その結果，能動的対処課題は心臓型を，受動的対処課題は血管型を示すことが概ね認められている（Allen & Crowell, 1989; Allen, Obrist, Sherwood, & Crowell, 1987; Allen, Sherwood, & Obrist, 1986; Sherwood, Allen, Obrist, & Langer, 1986）。一方，課題を変えることでモデルと合致しない結果も報告されるようになる。Waldstein ら（1997）は，能動的対処課題として鏡映描写課題とストループ課題を用いたところ，両課題において血管型の反応が惹起されることを見出した。同様の結果は，Sawada, Nagano と Tanaka（2002）も報告している。また，Sherwood, Dolan と Light（1990）は，異なる課題を用いて対処様式を操作した場合に，得られた結果が対処様式と課題要求のどちらの要因に起因するかを弁別できないと指摘している。実際，鏡映描写課題は自らの意思で課題を遂行するもので，コントロール可能性が高い課題であるといえるものの，強力なヴィジランスが要求されるため一貫して血管型の反応が生じる（Sawada et al., 2002）。松村・澤田（2004）は，こうした問題を回避すべく，暗算課題遂行中に課題成績のフィードバックを利用してコントロールの有無を操作した。その結果，反応の強さには差がみられるものの質的に異なる反応は認められず，能動的対処–受動的対処という枠組みには反応分化を生じさせるほどの効果はないと論じて，代替モデルの必要性を主張している。

　能動的対処–受動的対処に代わるモデルの出現が待望される一方，現在ではむしろ，反応分化を規定する環境的および心理的要因が複数あるとする見解（Williams, 1986）を，多くの研究者が支持しているよう見受けられる。また，課題要求や個人差を考慮しつつも，それらを修飾するような心理社会的要因が心臓血管反応に及ぼす影響について関心が寄せられはじめている（Christenfeld, Glynn, Kulik, & Gerin, 1998; Gerin et al., 2000）。たとえば，長野（2005）は，血管型反応を喚起する代表的な課題である鏡映描写課題を遂行する際に，他者

からの評価的な観察を伴うことで心臓型の反応が生じることを見出している。このような社会的要因の影響を検討する試みは，社会精神生理学と呼ばれる領域のもとで精力的に行われている（長野，2010; Smith & Gerin, 1998）。実生活の要素を実験室に反映させることで，生態学的妥当性の高い研究を実践することを重視する風潮が強まるなか，生理学的要因に及ぼす認知的評価の影響についても関心が高まることとなる。

第4節　認知的評価と血行力学的反応

　Tomaka ら（1993）は，Lazarus と Folkman（1984）の理論を参考にして，認知的評価が心臓血管反応に及ぼす影響を検討した。第1章で述べたように，Lazarus と Folkman（1984）は，認知的評価を一次評価と二次評価という下位概念に分類している。状況をストレスフルなものと評価するのが一次評価であり，その状況に対処するための自身の資源に関する評価が二次評価である。Lazarus らの研究グループは，嫌悪映像呈示中の SC および HR に及ぼす認知的評価の影響について検討した結果，脅威評価を反映した形でストレス反応が喚起することを認めている（Lazarus & Alfert, 1964; Lazarus et al., 1965, 1966; Speisman et al., 1964）。しかしながら，Tomaka ら（1993）は，この知見がいわゆる受動的対処が要求される課題で得られたものであり，能動的な対処が求められる状況において認知的評価の機能が検討されていない点を問題視した。嫌悪映像という受動的対処課題では，実験参加者は刺激にひたすら曝されるしかなく，能動的な関与が一切できない。そのため，何らかの関わりが可能と評価される状況を設定し，二次評価の影響についても検討できるようにしなければ，認知的評価の機能を詳細にとらえられないと考えた。Tomaka ら（1993）は，実験参加者の言語報告を利用して認知的評価の操作を試み，一次評価を尋ねる項目（"これから行う課題をどのくらい脅威と思いますか"）と二次評価を尋ねる項目（"その課題にどのくらい対処できると思いますか"）の2項目を利用した。彼らは，Lazarus と Folkman（1984）の理論を修正し，一次評価と二次評価のバランスによって挑戦もしくは脅威評価が規定されると定義した。すなわち，二次評価が一次評価を上回る場合には挑戦評価，その逆は脅威評価

が引き起こされると考えた。Tomaka ら (1993) は, 課題前に質問紙で測定した上記2項目の得点の比を求め, 中央値を基準にしてより挑戦的な評価を行う挑戦群とより脅威的な評価を行う脅威群とに分類して, 両群を比較した。暗算課題遂行中の血行力学的反応を検討した結果, 挑戦群は CO が増加し TPR が減少したのに対し, 脅威群は CO のわずかな増加と TPR の増加が認められた。挑戦評価は, 状況をポジティブなものととらえ能動的な関与を高めることで, βアドレナリン作動性交感神経活動を介した心臓型の反応を喚起したのに対し, 脅威評価は, 自己の資源では対処しきれず状況に対してより受動的になることで, αアドレナリン作動性交感神経活動を介した血管型の反応を引き起こしたと解釈された。こうして, 認知的評価の違いが心臓血管反応の分化をもたらすことが示された。また, 脅威評価と血管型の反応との関連性が示された点は, 心身の健康という観点から注目すべき点と思われる。TPR の亢進にみられる血管型の反応は, より心臓血管系疾患のリスクとなる可能性があるととらえられており (Blascovich & Katkin, 1993; Saab & Schneiderman, 1993; Schwartz, Gerin, Davidson, Pickering, Brosschot, Thayer, Christenfeld, & Linden, 2003; Sherwood, Johnson, Blumenthal, & Hinderliter, 1999; 田中, 2001; Treiber, Papavassiliou, Gutin, Malpass, Yi, Islam, Davis, & Strong, 1997), 脅威評価がネガティブ感情の増大という心理的な負担をもたらすだけでなく, 身体的側面へも負の影響を及ぼしうることが示唆されたといえよう。

　Tomaka ら (1997) は, Tomaka ら (1993) で用いた言語報告に基づく認知的評価の群設定が, 実験参加者の個人的な特性を反映していた可能性を排除するため, 教示による実験操作を通じて認知的評価の操作を試みた。この手続きは, 上述した Lazarus らの初期の精神生理学的研究で用いられた手法を参考にしたものであったが, 暗算課題を用いた点と, 課題遂行に対する個人のパフォーマンスに関わる内容 ("できるだけ早く正確に", "あなたには課題をやり遂げる能力がある" など) を教示に反映させた点が異なっていた。結果は Tomaka ら (1993) と同様に, 挑戦評価が誘導された群は心臓型の反応を示し, 脅威評価が誘導された群では血管型の反応が喚起されたと解釈された。このことから, 彼らの知見は個人特性に基づくものではなく, 過程としての認知的評価の機能を示していると考えられる。これらの先行研究を踏まえながら,

BlascovichとMendes (2000) は血行力学的反応を認知的評価の機能に基づき説明しようと，挑戦－脅威評価の生物心理社会モデル（以下，挑戦－脅威モデルとする）を提唱した。このモデルでは，一次評価を要求評価，二次評価を資源評価と呼んで，環境からの要求と個人の資源に関する評価のバランスによって状況への意味づけが規定されると仮定している。彼らは，個人の資源が環境からの要求を上回る（またはわずかでも上回る）と評価することを挑戦評価と，逆に自己の資源を超えるほどの要求が環境から課されていると評価することを脅威評価と定義して，前者は心臓型の反応を，後者は血管型の反応を喚起すると体系化した。彼らは，その後も複数の研究を重ねながら認知的評価と心臓血管反応との関連性を検討し，現在では，挑戦評価はCOの増加とTPRの減少を誘発するのに対し，脅威評価はCOとTPRに関与しない，もしくはCOのわずかな減少とTPRの増加を誘発すると考えられている（Blascovich, Mendes, Tomaka, Salomon, & Seery, 2003）。

BlascovichとTomakaらの取り組みは，血行力学的反応を説明するために，それまでほとんど扱われてこなかった個人の認知的要因を考慮している点が特徴といえる。挑戦－脅威モデルによって，認知的評価が心臓血管系を介して心身の健康に寄与することが示されており，Lazarusらが提唱した心理学的ストレスに関する認知的評価理論と血行力学的反応にみられる生理学的ストレス理論とを統合した魅力的なモデルといえる（手塚他，2005）。しかしながら，挑戦－脅威モデルを支持する知見がいくつか報告される一方で（Quigley, Barrett, & Weinstein, 2002; Schneider, 2004），それを支持しない結果（Hartley, Ginsburg, & Heffner, 1999）や概念的および方法論的問題を指摘する声もある（Maier, Waldstein, & Synowski, 2003; Wright & Kirby, 2003）。WrightとKirby (2003) は，Blascovichらが行った14の実験を概観したところ，挑戦評価が脅威評価に比べて心臓活動が亢進し血管活動が減弱または変化しないという点では結果が一貫しているものの，個々の指標の反応の大きさや方向に整合性が欠けていると指摘している。挑戦－脅威モデルそのものの検討には余地があるものの，認知的評価が生理的側面に影響を及ぼすことを見出している点は，感情制御研究にとって有用な知見を提供しうると思われる。

Lazarusの認知的評価理論は，彼らが用いた実証的手法の性質上，精神生理

学的な色合いが強いものと今日の感情研究ではとらえられているものの（Plutchik & Kellerman, 1980），生理学的ストレス研究ではほとんど参照されてこなかった経緯がある。行動主義の影響を強く受ける心臓血管系精神生理学においては，Obrist（1976）がかつて，感情という科学的に曖昧性の強い概念を利用することに抵抗を示し，操作可能でより生物学的に定義できる概念として能動的-受動的対処という枠組みを提案したように，構成概念に対する抵抗感がこの領域に根強く存在していたものと思われる。しかしながら，現在では生態学的妥当性を求める社会精神生理学の流れもあって，認知的評価のような内的過程の役割を重視する動きが増しており（Christenfeld et al., 1998; Houston, 1992; 長野，2010; Waldstein, Neumann, Burns, & Maier, 1998），心身相関に関する理解は一層深まりつつあるといえよう。

第5節　認知的評価の感情制御機能に関する検討課題

　ここまで，認知的評価の感情制御機能ならびに心臓血管反応の制御機能に関するそれぞれの研究について概観してきた。認知的評価が生体に果たす機能的役割について一定の知見が蓄積されているものの，検討すべき問題も残されている。
　Gross（1998a）の研究は，感情制御という枠組みの中で認知的評価の機能を再体系化した点に意義がある。彼以前にも認知的評価の制御機能に注目は寄せられていたが（Walden & Smith, 1997），実験的検討によって改めてその効果を見出そうとした点は，後の研究の展開に多大な影響を及ぼしているといえよう（手塚他，2005）。しかしながら，これまで述べてきたように，生理的側面に及ぼす認知的評価の感情制御機能については十分な検討が行われているとは言い難い現状にある。Gross（1998a）は，自律神経活動を推定するための脈派や皮膚温，SCなどの指標を用いているものの，これらは感情と身体疾患との関係を扱った精神生理学的研究ではほとんど取り扱われていない。また，IBIも測定しているが，心臓血管系の昇圧機序を鑑みると心臓活動を反映するIBIの変化だけでは制御機能について掘り下げて言及することは困難である。彼自身も別の論文で触れているように，異なる指標を用いて認知的評価の感情

制御機能を検討する必要があると思われる（Gross, 2002）。Tomaka ら（1993, 1997）は，感情喚起課題を用いていないものの認知的評価が心臓血管反応に影響することを確認していることから，認知的評価の感情制御機能を検討するうえで心臓血管反応の種々の指標を採用し，挑戦 – 脅威モデルで得られた知見を参照することは有効な手段の1つとなりうるはずである。実験室において心理的要因と身体疾患との関連性をとらえようとする場合，現状では心臓血管系指標を用いた研究の知見が最も充実しているように思われる。

　上記に加えて，認知的評価の感情制御機能を検討するには，血圧を測定する必要がある。心臓血管系にみられる生体への負荷の程度は，心臓側および血管側の活動を介して最終的に血圧に反映される（澤田，1990, 2001）。血行力学的指標もさることながら，血圧に及ぼす認知的評価の影響を検討することは，心身の健康に果たす機能的役割を探るうえで不可欠と思われる。しかしながら，これまでの研究では，認知的評価と血圧との関連性は不明瞭な点が多い。Gross（1998a）の研究は言うまでもなく，血行力学的指標を用いた Tomaka ら（1993, 1997）の研究でも，不思議なことに血圧のデータが明示されていない。Blascovich と Mendes（2000）は，血管型をもたらす脅威評価の方が，心臓型を惹起する挑戦評価よりも血圧が亢進すると述べているものの，やはり具体的なデータを示していないのである。彼らの説明によれば，挑戦評価と脅威評価の質的違いを説明するうえで，血圧は他の血行力学的指標よりも重要でないという（Blascovich et al., 2003）。また，他の研究グループの成果がわずかにあるが，脅威評価が DBP と関連するという結果（Maier et al., 2003）がある一方で，両者には関連性がなかったとする報告（Hartley et al., 1999）もあり，一貫した成果は得られていない現状にある。社会精神生理学的観点に立てば，ストレッサーの曝露に伴うネガティブ感情の喚起が，血圧の増加と強く関連すると考えられることから（Gerin, Bovbjerg, Glynn, Davidson, Sanders, Sheffield, & Christenfeld, 1999; Linden, Rutledge, & Con, 1998; Schwartz, 1999; Waldstein et al., 1998），認知的評価によるネガティブ感情の制御を通じて，血圧の水準に影響が生じる可能性が考えられる。血圧の亢進を介した身体疾患に果たす感情制御の重要性も指摘されており（Gerin, Davidson, Schwartz, & Christenfeld, 2002），血圧の亢進とその昇圧機序の両者を検討することで，認知的評価が心

身の健康にどのような機能的役割を果たすのか，詳細な情報を得られるものと思われる。血圧の測定は，認知的評価の感情制御機能を検証する上で不可欠な手続きといえよう。

　以上，認知的評価の感情制御研究を検討するうえで心臓血管系指標を測定する必要性を論じたが，この他にも検討課題がある。それは，Gross（1998a）が取り上げた再評価の機能に関するものである。Gross（1998a）は，認知的評価の変化に伴い感情にも変化が生じるという評価過程のダイナミクスを強調するため，再評価という用語を用いた。再評価とは，環境や自身の反応から得た新たな情報を通じて認知的評価が変容することと定義されるが（Lazarus & Folkman, 1984），Gross が用いた実験手続きは，かつて Lazarus が60年代に行ったものと何ら変わりなく，課題前の教示を通じて特定の意味づけを誘導するというものであった。すなわち彼は，認知的評価を実験操作によって変化させることなく，再評価という用語を用いているのである。Gross（1998a）の実験手続きを，教示内容という新たな情報を呈示することで実験参加者が最初に持ち合わせていた意味を変化させるものと解釈するならば，操作対象となる変数を再評価とラベリングすることに問題はないかもしれない。しかし，このような解釈は，実験参加者が教示内容とは別の意味づけを事前に行っていることを前提とする。Gross の実験では，そうした操作チェックは行われておらず，実験参加者に認知的評価の変容が生じたのか不明である。また，言語報告に頼る以外に，実験の途中で実際に認知的評価を変化させることで，再評価の感情制御機能を検討する必要もあると思われる。Lazarus（1966）が防衛的再評価の概念を提唱する以前から，再評価の制御機能について言及がなされているが（White, 1956），実証的根拠が十分に蓄積されているとはいえない現状にある（Cornelius, 1996; Hinds & Burroughs, 1997）。状況の変化に応じて刻々と感情が変化する背景には，認知的評価の変化が強く関わっていると考えられるものの（Frijda, 1993b; Scherer, 1993），実験的な操作を通じて認知的評価と感情とのダイナミックな関係を扱った研究は行われていないように見受けられる。再評価の機能はこれまでのところ，実験結果の解釈として言及されるに留まるか（Houston & Holms, 1974; Mendolia & Kleck, 1993），ストレス研究の文脈で調査研究の結果に基づき論じられている（Folkman & Lazarus, 1985; Skinner &

Brewer, 2002) のが大半であろう。認知的評価の感情制御機能に関する実証的基盤を強固なものとするには，実験的検討は不可欠である。

再評価は，ネガティブ感情の原因となる出来事に直接働きかけることが困難な，いわば状況の対処可能性が存在しないような状況において，特に適応的な反応を導くと考えられている（Lazarus, 1966, 1999a; Lazarus & Folkman, 1984）。そのため，そのような状況を実験室で設定して再評価のネガティブ感情制御機能を検討することで，実生活へと還元可能な成果を得ることができると推察される。さまざまな状況設定が考えられるものの，原因となる出来事から解放された後もネガティブ感情が持続するような事態を想定して実験を行うことが，1つの方法として考えられる。怒りが治まらない，悲しみに暮れるなどの表現があるように，しばしばわれわれはネガティブ感情の持続を経験し（Oatley & Duncan, 1994），そのことが日常生活に支障をきたすことさえある（伊藤・上里，2002）。原因となる出来事が目前から消失した後では直接的な問題解決は不可能なため，状況に対する意味づけを変容することがネガティブ感情を解消するための効果的な方略になると思われる。

ネガティブ感情の持続に及ぼす再評価の影響を検討することは，心臓血管系精神生理学の関心とも合致して，心身相関ならびに感情と疾患との関連性についての理解を促進するものと期待できる。社会精神生理学が関心を寄せる問題の1つに，課題後の心臓血管反応の持続（回復性）[7] がある。従来の研究は，専ら課題遂行中の反応性に焦点を当てていたものの，将来の疾病に関して得られる情報が少ないという指摘がなされるようになってきた（Manuck, 1994; Pickering & Gerin, 1990）。心臓血管反応など自律神経活動が亢進し続けることで，健康に負の作用をもたらす可能性が指摘されはじめ（Haynes, Gannon, Orimoto, O'Brien, & Brandt, 1991; Kaplan, Manuck, Williams, & Strawn, 1993），たとえば，実験室でストレス課題後も血圧が亢進し続ける人ほど，3年後の血圧が高いという報告がなされている（Stewart, Janicki, & Kamarck, 2006）。心

---

7) 回復性（recovery）とは，課題遂行時に賦活した生理反応が，課題後の安静状態時にベースライン水準に戻る程度を示している（Linden, Earle, Gerin, & Christenfeld, 1997）。心臓血管系精神生理学では，課題中の反応の程度を反応性（reactivity）と呼ぶのに対し，課題後の反応持続に対して回復性という呼称が一般的に使用されている。

臓血管反応の持続に関する研究は，古くからその必要性が主張されていたものの（Freeman, 1939），課題実施に伴う反応性を検討した研究に比べ精力的には行われてこなかった（Kamark & Lovallo, 2003; Linden et al., 1997）。しかし現在では，心理的要因と疾病との関連性の理解を深めるうえで，課題後の持続の検討が不可欠と考えられている（Gerin et al., 2000; Linden et al., 1997; Linden et al., 1998; Linden, Gerin, & Davidson, 2003; 澤田，2004; Schwartz et al., 2003）。さらに興味深いのは，心臓血管反応の持続にネガティブ感情が強く関わることが報告されている点である（Earle, Linden, & Weinberg, 1999; Glynn, Christenfeld, & Gerin, 2002; Vitaliano, Russo, Paulsen, & Bailey, 1995）。課題遂行に伴い喚起されたネガティブ感情が課題後も持続する場合，それに伴い心臓血管反応も賦活し続けることが観察されている。このことは，単に原因となる状況から解放されるだけでは，喚起された反応を元の水準に戻すことはできないことを意味しており，再評価のような感情制御を通じて心身の安定を図ることの重要性を示唆するものである。認知的評価がネガティブ感情の持続に影響するのなら，それに伴う心臓血管反応にも効果を示し，心身の健康に寄与すると期待できる。

　次章からは，4つの実験を通じて認知的評価の感情制御機能を検討した成果を示す。実験1と実験2ではネガティブ感情の喚起に及ぼす認知的評価の影響について，実験2から実験4では認知的評価がネガティブ感情の持続に及ぼす影響を検討した。

第3章

認知的評価がネガティブ感情反応の喚起に及ぼす影響

第1節　従来の認知的評価研究の方法論的問題

　認知的評価の感情制御機能に関する研究は，Lazarus らの研究グループが行った一連の精神生理学的研究に端を発する（Lazarus & Alfert, 1964; Lazarus et al., 1965, 1966; Speisman et al., 1964）。これらの研究では，嫌悪映像の呈示に先立ち，内容を説明する教示を複数用意し，群ごとに異なる教示を与えて刺激呈示中の反応を検討するという手法が採用された。研究間で多少の差異はあるものの，否認群や知性化群など脅威の低減を目的とする教示が与えられた群は，統制群に比べて主観的なネガティブ感情体験や SC，HR などの生理反応の増加が抑えられるという結果が認められている。一方，このような認知的評価の効果を見出さなかった研究もある。Steptoe と Vögele（1986）は，Lazarus ら（1965）と同様の手続きを用いて知性化群の効果を調べたが，心理指標と生理指標いずれも統制群との間に有意差を見出さなかった。彼らは，Lazarus らが用いた20年前の刺激や教示が実験参加者に適当でなかった可能性に触れつつ，認知的評価の機能に疑問を唱えてさらなる研究の必要性を指摘している。Gross（1998a）の研究でも同様に，再評価が生理反応に影響を及ぼさなかった。Gross（1998a）は，用いた刺激の強度や呈示時間，教示の内容などに再検討の余地が残るとしながらも，Steptoe と Vögele（1986）の結果も踏まえて，認知的評価が生理的側面に影響しない可能性に言及している。

　このように知見が錯綜する一因に，先行研究で用いられてきた測定指標に関する問題が挙げられる。たとえば，いずれの研究でも HR が測定されているが（ただし，Gross（1998a）では IBI が採用されている），HR は血行力学的には血圧上昇の一機序として心臓血管系に位置づけられる。つまり，生体に負荷が加わると血圧は上昇するものの，HR は増加することもあれば減少することもあるということを示している。HR だけでは心臓血管系の変化を十分にとらえられず，先行研究間の知見の不一致もこの問題に起因している可能性が考えられる。暗算課題に対する認知的評価の違いが血行力学的反応に影響することを報告した Tomaka ら（1993, 1997）の結果を参照すれば，複数の心臓血管系指

標をとらえることで認知的評価の感情制御機能を詳細に検討することが可能になると思われる。

先行研究にはまた，認知的評価の実験操作に関わる方法論的問題が存在する。従来の方法では，刺激映像呈示前に異なる教示を各群に与えることでそれぞれ異なる認知的評価を操作できるとしているが，同時にこの方法は，実験参加者に対してどのような内容が呈示されるのかという予期をも喚起する。Lazarusら（1966）は，認知的評価に関する日米の文化的差異を検討するため，アメリカ人を対象とした実験（Speisman et al., 1964）の追試を行った。否認群と知性化群に加え脅迫群を設けたところ，映像の嫌悪性が強調され，反応が増大すると予測された脅迫群にあっても，無教示群に比べて SC 反応が抑制された。この結果は，日本人が実験室において観察対象となることに慣れていないうえに，実験を通じて何が起こるか分からないという不確かな状況全体に強く脅威を感じていたため，脅迫的な情報であっても状況を予期する手がかりとなることで反応軽減につながったと考察されている。こうした解釈以外にも，予期によって刺激に対する心身の準備状態（構え）が形成されることで，ネガティブ感情が軽減する可能性も考えられる（Auerbach, 1992; 津田・原口, 1991）。いずれの機序にせよ，従来の操作では認知的評価と予期の効果とが分離されずに混在している可能性がある。本研究では，得られた効果が認知的評価によるものか予期によるものかを明確にするため，両者を操作的に分離して主観的感情体験および心臓血管反応に及ぼすそれぞれの影響について検討することとした。

第2節　ネガティブ感情反応の喚起に及ぼす認知的評価の影響 （実験1：手塚・城・長野・鈴木・児玉, 2008）

目　的

認知的評価および予期が，嫌悪映像呈示中のネガティブ感情体験および心臓血管反応の喚起に及ぼす影響を検討する。

方　　法

実験参加者　大学生および大学院生の男性33名（平均年齢21.85歳±1.76歳）が実験に参加した。参加者は事前に，実験開始1時間前から飲食，喫煙および激しい運動を控えるよう指示された。すべての参加者は心臓血管系の既往歴がなく，自律神経系に影響を及ぼす薬物を使用していなかった。実験終了後，参加者は謝礼として1,000円分の図書券を受け取った。

刺激映像　刺激映像として，2つのカラー映像を用いた。1つは，映画"バーティカル・リミット"（コロンビア映画：以下，断崖映像とする）から，断崖から墜落しそうになる仲間を一方が救助しようとするシーンを抜粋した。もう1つは，脳神経外科教育研修用ビデオ"頭蓋顔面形成異常の手術"（メディカルリサーチセンター：以下，手術映像とする）の頭部手術シーンを用いた。両映像の呈示時間はそれぞれ325sであった。映像を2種類用いたのは，Cacioppo, Klein, Berntsonと Hatfield（1993）の指摘を踏まえてのことである。彼らは，感情研究を行ううえで2つ以上の感情を比較する必要性を論じており，本研究では，流血を伴い嫌悪性の強い手術映像と視覚的断崖のように身体危機的側面が強調された断崖映像とを採用することで，異なる性質のネガティブ感情を検討することとした。また，両映像に先立ち，風景ビデオ"屋久島"（ポニーキャニオン：以下，風景映像とする）から抜粋した65sのシーンを呈示した。これは，後述する統制群において刺激に対する予期を防ぐためであった。なお，いずれの映像も音声は呈示しなかった。映像は汎用コンピュータを用いて頭部搭載型ディスプレイ（head mounted display：以下，HMDとする）（オリンパス，Eye-Trek FMD700）に呈示し，実験参加者は刺激呈示中のみ同機器を装着した。HMDを装着することで眼前2mに52型のスクリーンが映し出されるため，本装置の使用により実験参加者が映像中に視線を逸らすことが困難になると考えた。実験中に呈示した教示も同様のコンピュータのハードディスクに録音したものを使用した。なお，本研究では，映像の呈示順序についてカウンターバランスを採用しなかった。Lazarus, Speisman, Mordkoff と Davison（1962）は，刺激映像を統制映像より先に呈示した場合，統制映像が刺激映像の影響を受け，刺激映像呈示時に高められた反応がそのまま統制映像呈示時に繰り越される可能性が高いと指摘している。予備実験での内省報告から，手術

映像の方が断崖映像よりも主観的により強いネガティブ感情が喚起されることが確認されており，手術映像を先に呈示した場合に後続する映像呈示中の反応に影響を及ぼすと判断し，映像呈示は断崖映像，手術映像の順で行った。

群　以下のa，b，cの3つの教示文の組み合わせを利用して，3群を設けた。aは風景映像に関する情報，bは風景映像から断崖映像（または手術映像）に切り替わるという情報，cは各映像内容に関する情報であった。評価群には全文を呈示し，映像の持つ嫌悪的な側面や苦痛に注意が向かないよう方向づける一方で，内容を肯定的に意味づけるよう操作した。予期群にはaおよびbを呈示し，映像内容を予期できるようにした。統制群にはaのみを呈示した。断崖映像に対する教示は次のものであった。"(a) これから風景映像が流れます。画面から目を逸らさないようにして下さい。(b) しばらくすると画面が切り替わり，滑り落ちたら命を落とすような断崖絶壁にいる人が映し出されます。(c) しかし，彼らは経験豊富で，そのような環境での活動に熟達しています。彼らは遭難者の救助に向かっており，危険を感じることはありません。ただひたすら，救助することだけしか頭の中にはありません。"一方，手術映像時には，(a) は変わらず，(b) および (c) が次のようであった。"(b) しばらくすると画面が切り替わり，頭の手術の様子が映し出されます。(c) この手術によって，頭蓋骨の奇形に伴うさまざまな障害が改善されます。また，周囲の人々の偏見の目に曝されることもなくなります。手術に必要な技術は確立されており，失敗の危険性はほとんどありません。全身麻酔が施されているため，手術中の痛みを感じることはありません。"3群には各11名が割り当てられた。

指標　主観的感情体験を測定するための心理指標として，城・児玉 (2001) が作成した32項目からなら気分尺度を使用した。現在の主観的状態について，全く感じない（0点）からきわめて強く感じる（6点）の7件法で回答を求めた。井澤・平田・児玉 (2007) にならい，下位尺度である"ポジティブ気分"および"ネガティブ気分"の得点を算出した。心臓血管反応の指標として，SBP (mmHg)，DBP (mmHg)，HR (bpm)，CO (l/min) および TPR (dynes-s/cm^5) を採用した。SBP，DBPおよびMBP (mmHg) は，連続血圧測定器（日本コーリン，JENTOW-CS）によって左手橈骨動脈から導出した波形をもとに，一拍ごとの値を検出した。生体アンプ（日本電気三栄，

ポリグラフ360システム）を利用して，心電図と胸部インピーダンスを計測した。胸部誘導により，汎用アンプ（NEC メディカルシステムズ，生体電気用増幅ユニット1253A）を介して時定数0.01sで増幅した心電図からHRを算出した。胸部インピーダンスは，キュビチェクの4電極法に従い首の付け根と胸部剣状突起下部に電流印加用と電圧検出用のアルミテープ電極（日本光電，H750）をそれぞれ装着して，専用アンプ（日本電気三栄，生体インピーダンス用増幅ユニット4134）を介して導出した。インピーダンスの一次微分波形と心電図をもとにSV（l）を算出した。HR×SVからCOを算出し，MBP／COによってTPRを求めた。すべての指標は，コンピュータのハードディスクに記録されたデータを素に，LabVIEW（National instruments, ver. 6.0）で作成されたソフトウェア（長野，2005）を用いて値を算出した。AD変換の精度は16 bit，サンプリング周波数は1 kHzであった。

　手続き　参加者は，本研究が映像注視中の反応に関する実験であり，いつでも実験を中止できる旨を説明された後，実験参加同意書に自署し，健康状態に関する質問に回答した。電極装着後，実験室内に設置されたシールドルームに入室し安楽椅子（パイオニア，Bodysonic）に腰掛けた。測定機器の装着および動作確認に続いて，ベースラインとなる5分間の安静期として心臓血管反応が測定され，1回目の主観的感情体験を尋ねる心理指標に回答した。続いてHMDを装着し，風景映像および断崖映像が呈示された。映像終了後にHMDは取り外され，2回目の心理指標に回答した。その後，約15分間の休憩を経た後に再びHMDを装着して，風景映像および手術映像が呈示された。映像終了後にHMDが取り外され，3回目の心理指標に回答して実験は終了し，すべての機器類が外されシールドルームから退室した。最後にデブリーフィングを通じて実験内容を口外しないよう求められた。装置の着脱および心理指標の受け渡し以外，実験者がシールドルームに入室することはなかった。なお，本実験とは別の目的から，心理指標の回答時に2分間コットンを口内に含み唾液採取が行われた。実験は宇宙開発事業団(財)日本宇宙フォーラムが推進する「宇宙環境利用に関する地上研究公募」プロジェクトの一環として行った。実験の実施に際して，当該研究倫理委員会の審査を受けた。

　データ処理　主観的体験と心臓血管反応の分析には，ベースラインから

の変化値を用いた。心臓血管反応は，安静期の最後の65sの平均をベースラインとした。映像呈示中は65sごとの平均を算出し，風景映像呈示中の反応をブロック（以下 BL とする）0 とし，両映像呈示中の反応を BL1 から BL5 に分割した。分散分析における自由度の修正には Huynh-Feldt の ε を採用した。多重比較には，有意水準（α）を 5％に設定した Tukey 法の *HSD* 検定を用いた。ただし，下位検定の結果が10％水準の有意傾向を示した場合には多重比較の有意水準もそれにならい，文中には $\alpha = .10$ と付記した。

結　果

　主観的体験の分析に際して，回答に記入漏れのあった評価群2名および統制群1名を分析から除外した。心臓血管反応の分析は，体動などによる血圧装置の測定エラーに伴い評価群3名，予期群2名，統制群3名をそれぞれ除外した。

主観的感情体験

　両映像の呈示後にそれぞれ測定した心理指標の下位尺度について，各群の変化値の平均を表2に示した。すべての群において，両映像後に"ポジティブ気分"が減少し"ネガティブ気分"が上昇したが，手術映像の方が断崖映像よりもその変化が大きかった。断崖映像では群間差はほとんどみられなかった一方で，手術映像では評価群の変化が最も小さかった。

表2　両映像刺激における各群の主観的感情体験の平均変化値（標準誤差）

	ポジティブ気分		ネガティブ気分	
	断崖映像	手術映像	断崖映像	手術映像
評価群	−0.30 (0.13)	−0.53 (0.20)	0.20 (0.15)	0.61 (0.29)
予期群	−0.65 (0.12)	−1.24 (0.18)	0.33 (0.13)	1.58 (0.27)
統制群	−0.19 (0.12)	−1.09 (0.19)	0.27 (0.14)	1.59 (0.28)

　2つの下位尺度について，群（評価群，予期群，統制群）×映像（断崖映像，手術映像）の反復測度デザインによる分散分析を行ったところ，両指標とも群の主効果（"ポジティブ気分": $F(2, 27) = 3.76, p < .05$，"ネガティブ気分": $F(2, 27) = 2.82, p < .10$）および映像の主効果（"ポジティブ気分": $F(1, 27) =$

42.65, "ネガティブ気分": $F(1, 27) = 46.65$, $ps < .01$) がそれぞれ有意であった。また，交互作用が有意であったため（"ポジティブ気分": $F(2, 27) = 4.58$, "ネガティブ気分": $F(2, 27) = 3.87$, $ps < .05$），両指標について下位検定を行った。"ポジティブ気分"では，予期群と統制群において有意な映像の単純主効果が認められた（予期群: $F(1, 27) = 14.73$，統制群: $F(1, 27) = 35.13$, $ps < .01$）。予期群と統制群は，断崖映像後に比べ手術映像後により減少したが，評価群には映像による差異は認められなかった。群の単純主効果も手術映像において有意となり（$F(2, 54) = 5.57$, $p < .01$），多重比較の結果，評価群は他の2群よりも手術映像後の値が高いことが示された。"ネガティブ気分"の交互作用について，予期群と統制群において映像の単純主効果が有意であった（予期群: $F(1, 27) = 24.77$，統制群: $F(1, 27) = 27.42$, $ps < .01$）。両群は，断崖映像から手術映像にかけてより増加した。手術映像における群の単純主効果も有意となり（$F(2, 54) = 6.57$, $p < .01$），多重比較の結果，評価群は他群よりもネガティブ感情の値が低かった。

心臓血管反応

　各指標の変化値について，群ごとの推移を図2に示した。両映像の呈示により心臓血管反応が亢進し，手術映像では全体により大きな反応が認められた。血圧とTPRが増加したのに対しCOとHRは減少気味となり，血行力学的に血管型の反応であった。また，手術映像中の反応の方が断崖映像よりもその傾向が強かった。群の違いに注目すると，断崖映像ではいずれの反応も群間差がほとんど認められなかった。一方，手術映像中では複数の指標で群の違いがみられ，評価群において血管型の反応がより顕著であった。

　すべての指標について，群（評価群，予期群，統制群）×映像（断崖映像，手術映像）×期間（BL0-BL5）の3要因分散分析を行った。その結果，SBP，DBP，TPRに有意な映像の主効果が認められた（SBP: $F(1, 22) = 5.26$, DBP: $F(1, 22) = 4.37$, TPR: $F(1, 22) = 7.60$, $ps < .05$）。期間の主効果もSBPとHRにおいて有意であった（SBP: $F(5, 110) = 3.62$, $\varepsilon = .42$, $p < .05$, HR: $F(5, 110) = 11.25$, $\varepsilon = .74$, $p < .01$）。また，一次の交互作用が各指標で有意となり，すべての指標で映像×期間の交互作用が有意であった（SBP: $F(5, 110) = 6.34$, ε

= .45, HR: $F(5, 110) = 5.91$, $\varepsilon = .92$, $p\text{s} < .01$, DBP: $F(5, 110) = 3.79$, $\varepsilon = .49$, CO: $F(5, 110) = 2.65$, $\varepsilon = .76$, TPR: $F(5, 110) = 3.77$, $\varepsilon = .42$, $p\text{s} < .05$)。SBPには群×映像の交互作用にも有意傾向がみられた（$F(2, 22) = 2.63$, $p < .10$）。さらに，DBP および HR に有意な二次の交互作用が認められた（DBP: $F(10, 110) = 2.29$, $\varepsilon = .49$, $p < .10$, HR: $F(10, 110) = 2.28$, $\varepsilon = .92$, $p < .05$）。

一次の交互作用のみ有意であった SBP，CO，TPR について単純主効果の検定を行った。映像×期間の交互作用に関して，SBP は BL1 と BL2 において（BL1: $F(1, 132) = 19.39$, BL2: $F(1, 132) = 10.17$, $p\text{s} < .01$），CO は BL1 から BL3 にかけて（BL1: $F(1, 132) = 4.34$, BL2: $F(1, 132) = 5.48$, BL3: $F(1, 132) = 5.10$, $p\text{s} < .05$），TPR も同様に BL1 から BL3 で有意な映像の単純主効果が認められた（BL1: $F(1, 132) = 14.24$, BL2: $F(1, 132) = 11.21$, BL3: $F(1, 132) = 8.08$, $p\text{s} < .01$）。映像前半の反応において，SBP と TPR は断崖映像よりも手術映像の方が反応が大きく，逆に CO は手術映像の方が反応が小さいことが示された。SBP にみられた群×映像の交互作用に関して，評価群における映像の単純主効果が有意であり（$F(1, 22) = 8.66$, $p < .01$），評価群のみ断崖映像から手術映像にかけて反応が亢進していた。手術映像における群の単純主効果も 10%水準で有意な傾向を示し（$F(2, 44) = 3.01$, $p < .10$），多重比較の結果，評価群と統制群とに有意な差の傾向が認められた（$\alpha = .10$）。

DBP の二次の交互作用について単純交互作用の検定を行ったところ，手術映像における群×期間の単純交互作用が有意となった（$F(10, 220) = 2.87$, $p < .01$）。また，すべての群で映像×期間の単純交互作用が有意であった（評価群: $F(5, 110) = 2.21$, $p < .10$, 予期群: $F(5, 110) = 2.64$, $p < .05$, 統制群: $F(5, 110) = 3.66$, $p < .01$）。下位検定を行ったところ，評価群の BL1 から BL5 において映像の単純単純主効果が有意であった（BL1: $F(1, 132) = 6.17$, BL2: $F(1, 132) = 5.19$, BL3: $F(1, 132) = 6.57$, BL5: $F(1, 132) = 4.66$, $p\text{s} < .05$, BL4: $F(1, 132) = 7.33$, $p < .01$）。予期群では BL1 と BL2 において映像の単純主効果が有意傾向を示した（BL1: $F(1, 132) = 3.72$, BL2: $F(1, 132) = 3.75$, $p\text{s} < .10$）。これらの期間では，両群はいずれも手術映像の方が断崖映像よりも DBP が高かった。また，手術映像の BL2 から BL5 にかけて有意な群の単純単純主効果が認められた（BL2: $F(2, 264) = 2.45$, $p < .10$, BL3: $F(2, 264) = 3.79$, $p < .05$, BL4: F

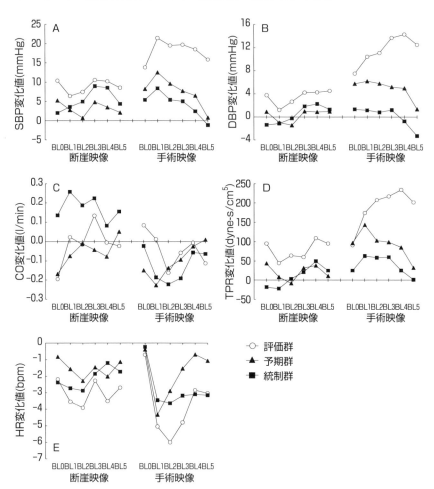

図2 各群の心臓血管反系指標の平均変化値の推移（A: SBP, B: DBP, C: CO, D: TPR, E: HR）

$(2, 264) = 5.35, p < .01$, BL5: $F(2, 264) = 6.12, p < .01$）。多重比較の結果，これらの期間で評価群と統制群とに差がみられ，BL5では評価群と予期群との差も有意傾向であった（$a = .10$）。さらに，手術映像ではすべての群に1％もしくは10％水準の期間の単純単純主効果が認められた（評価群: $F(5, 220) =$

4.07, $p < .01$,予期群: $F(5, 220) = 2.06$,統制群: $F(5, 220) = 2.18$, $p\text{s} < .10$)。多重比較の結果,評価群では BL0 に比べて BL3 と BL4 の反応が有意に大きく,予期群では BL1 と BL5 の差が有意傾向であった($\alpha = .10$)。統制群には有意な差は認められなかった。

最後に,HR の二次の交互作用について単純交互作用の検定を行ったところ,手術映像における群×期間の単純交互作用が有意となり($F(10, 220) = 1.88$, $p < .05$),すべての群で有意な映像×期間の単純交互作用が認められた(評価群: $F(5, 110) = 4.06$, $p < .01$,予期群: $F(5, 110) = 3.05$,統制群: $F(5, 110) = 3.34$, $p\text{s} < .05$)。下位検定の結果,評価群では BL3 において映像の単純単純主効果が有意傾向を示し($F(1, 132) = 3.61$, $p < .10$),予期群では BL1 で映像の単純単純主効果が有意であった($F(1, 132) = 4.27$, $p < .05$)。両群ともに,手術映像の方が断崖映像よりも反応が抑制されていた。また,手術映像においてすべての群で有意な期間の単純単純主効果が認められた(評価群: $F(5, 220) = 9.69$,予期群: $F(5, 220) = 5.99$,統制群: $F(5, 220) = 4.24$, $p\text{s} < .01$)。多重比較の結果,評価群は BL0 と BL1 から BL3 との間に差が認められ,BL2 と BL4 および BL5 との間にも有意な差がみられた。予期群は BL1 と BL0,BL3,BL4,BL5 との間に差が認められた。統制群は,BL0 とそれ以降の期間との差が有意であった。

考　察

実験 1 では,認知的評価および予期がネガティブ感情反応の喚起に及ぼす影響を検討するため,断崖映像と手術映像という 2 つの映像刺激を用いて実験を行った。主観的感情体験は,各群ともポジティブ感情が減少し,ネガティブ感情が増加した。予期群と統制群は,断崖映像から手術映像にかけてより大きな変化を示したが,評価群には映像による差異は認められなかった。手術映像における群間差も統計的に有意となり,評価群は他群に比べて主観的感情体験の変化が最も小さかった。心臓血管反応は,全体に血圧と TPR が増加したのに対し CO と HR は減少しており,総じて血管型の反応がみられた。手術映像中の反応には群による差異も認められ,評価群の血圧が最も高い値を示した。

これらの結果から,主観的体験には認知的評価の感情制御機能が反映された

と考えられる。評価群は，刺激の嫌悪的側面に関する説明が操作されたのに加え，肯定的な意味づけを行うよう方向づけられていた。こうした認知的評価の操作は，先行研究でも概ねネガティブ感情の軽減と関連することが報告されている（Gross, 1998a; Lazarus & Alfert, 1964; Lazarus et al., 1965, 1966; Speisman et al., 1964）。ネガティブ感情喚起過程において，刺激の嫌悪的側面の意味づけの操作が主観的体験に影響を及ぼすことは，再現性の高い頑健な現象といえよう。

　心臓血管反応の結果について，評価群は生理反応の亢進も抑えられると考えられたが，3群の中で最も血圧が増加した。また，統計的には有意でないものの，TPRの亢進も他群に比べて大きかった。先行研究では，刺激の嫌悪的側面を操作された群は，統制群に比べて反応が軽減するかもしくは同程度の反応を示すかのどちらかであった。認知的評価がネガティブ感情を緩和するのであれば，それに伴い血圧も減少すると考えられるが，それとは逆の結果が生じたことになる。先行研究を眺めても，統制群よりも反応が増加するという結果は報告されておらず，この解釈は非常に困難である。1つの可能性として，認知的評価の操作が映像注視に伴う課題要求を強めたと考えるのが，現時点での心臓血管系精神生理学の知見をもとに考察しうる妥当な解釈であろう。第2章で述べたように，心臓型と血管型の反応は課題要求に応じて分化することが確認されており（Williams, 1986），反応分化を説明するモデルの1つにLaceyとLacey（1974）の環境の取入－拒否モデルがある。このモデルでは，外界の出来事に注意を払い，それを見つけようとする状況ではHRの減少が生じ，逆に外界の出来事を積極的に無視もしくは拒否し，認知的作業に没入する場合にはHRの上昇が生じるとされる。もとはHRの変化に注目したモデルであったが，現在では環境の取り入れはヴィジランス課題に代表され血管型の反応を引き起こし，環境の拒否は暗算課題に代表され心臓型の反応を生じると考えられている（長野，2005）。本実験で用いた映像刺激をヴィジランス課題としてとらえると，映像を注視するという行為が血管型反応と強く関連していた可能性が考えられる。実際，Palomba, Sarlo, Angrilli, MiniとStegagno（2000）の結果では，手術や事故などの流血を伴う嫌悪映像は，流血を伴わない脅威映像や風景映像よりも注意の指標である自発性瞬目が少なく，HRも減少していた。本研

第 2 節　ネガティブ感情反応の喚起に及ぼす認知的評価の影響　53

究での評価群は，実験操作によって映像を客観的分析的に眺めるよう促されており，他群に比べて映像をより注視していた可能性がある。これに関して，詳細な検討は行われていないが先行研究での HR の変化に注目すると，本実験の結果と同様に，映像呈示中の反応が認知的評価の操作に伴いベースライン以下に減少している報告もいくつかみられる（Gross, 1998a; Lazarus et al., 1965）。また，Lazarus と Alfert（1964）は，映像後に"集中"の程度を尋ねた結果，認知的評価を操作された否認群は無教示群（統制群）に比べて得点が高かったことを報告している。これらの知見をまとめると，評価群は実験操作に伴い他の群よりも映像を注視する度合いが高く，結果として血管型反応が亢進した可能性が考えられる。

　しかしながら，両映像を通じて統制群の血圧に時間的変化がほとんど認められなかった点は，依然として解釈困難である。主観的体験の結果では，手術映像の方が統制群のネガティブ感情が増大していることから，多少なりとも血圧も亢進するのが一般的に生じうる結果である。このような主観的反応と生理反応との乖離を理解するには，古典的理論を参考にした別の解釈の仕方も残されている。一般に，極度の恐怖を喚起するような状況では，生体は闘争-逃走反応ではなく，血圧や HR の減少といった行動抑制反応を示すといわれる。このことから，統制群にはいわゆる行動抑制反応が現れ，他群にみられたネガティブな情動反応（防衛反応）とは異なる反応が生じていた可能性が存在する。本実験では参加者個々の反応を取り上げていないが，統制群の中には典型的な行動抑制反応を示す参加者も認められており，手術映像が極度の負荷を与えていたのは確かであろう。Gross（1998a）は，手術映像はあまりに衝撃が大き過ぎるため，認知的評価の実験操作が反映されない可能性を指摘している。本結果を総合すると，評価群は実験操作が反映されたことで映像の衝撃に耐えられていたのに対し，統制群では個人の対処資源を上回る衝撃がはたらき，血圧の低下を招いたのかもしれない。いずれの解釈にせよ，認知的評価と心臓血管反応との関連性については，さらなる検討が必要であろう。

　認知的評価の実験操作に関わる予期の効果の混在について，評価群と予期群は主観的感情体験と心臓血管反応のいずれにおいても異なる反応を示していた。Lazarus ら（1966）は SC の結果に基づき，日本人は刺激内容が予期できるだ

けで反応が軽減すると考察したものの，心臓血管系指標を用いた本結果からは異なる知見が得られた。また，予期群と統制群の結果がほぼ類似していたことから，予期だけではネガティブ感情を緩和することが難しいことが示唆された。

　本研究では，認知的評価が心臓血管反応に及ぼす影響について，予測とは異なる結果が得られた。今後の研究では，課題や実験操作の変更も含め，実験内容を再考する必要があると思われる。1つの手段として，Tomakaら（1993）の実験手続きを参考に，言語報告を利用して認知的評価の感情制御機能を検討することが挙げられる。彼らの手法に従えば，状況に対する意味づけの違いに応じて血圧にも差異が生じる可能性が高い。他にも，映像刺激とは別の課題の採用を検討すべきかと思われる。Gross（1998a）は，手術映像よりも衝撃が少なく，認知過程が関与しうる感情的エピソードを含んだ課題を取り入れることを提案している。感情喚起刺激として映像を用いることは一般的な手法であるが（Gross & Levenson, 1995），実生活でわれわれを困難に陥れるような感情とは質的に異なる可能性が指摘されている（Herrald & Tomaka, 2002）。認知的評価とは，刺激に対する個人的関係性を意味づける過程である。そのため，参加者本人と無関係な刺激を呈示するのではなく，参加者が真に自己に関連するものと意味づけることで自我関与できる状況を設定することが，認知的評価の機能を検討するには不可欠なのかもしれない（Lazarus & Smith, 1988）。実生活にみられる感情は，対人関係に基づくものが多く，社会的文脈に大きく依存している（Strongman, 2003）。社会的要因を考慮した状況を設定することは，参加者の自我関与を高めるものと期待でき，認知的評価の制御機能を検討するうえで有効な手法になると思われる（Gross, 1999; 唐沢，1996; Manstead & Fischer, 2001; Maier et al., 2003; Parkinson, 1996）。社会的要因の導入は心臓血管反応を検討するうえでも重視されており（長野，2010; Smith & Gerin, 1998），生理的側面に及ぼす認知的評価の影響を検討するには，従来と異なる状況設定のもとで実験を行う必要がある。実験2では，Tomakaら（1993）の実験手続きを参考に，社会的要因を考慮した課題を用いて認知的評価の影響を検証することとした。

第 4 章

認知的評価が
ネガティブ感情
反応の喚起と
持続に及ぼす影響

56　第4章　認知的評価がネガティブ感情反応の喚起と持続に及ぼす影響

第1節　挑戦 – 脅威モデルに基づく認知的評価の操作

　実験1では，先行研究（e.g., Gross, 1998a; Lazarus & Alfert, 1964）を参考に，認知的評価がネガティブ感情の喚起に及ぼす影響を検討した。ポジティブな意味づけに伴い主観的なネガティブ感情体験が軽減した一方，TPRを介した血圧の亢進が認められ，心臓血管反応に及ぼす認知的評価の感情制御機能は見出されなかった。そこで実験2では，認知的評価が生理的側面に及ぼす影響を再度検討するため，ストレス研究の文脈で展開されたTomakaら（1993）の言語報告を利用した手法（詳細は第2章）を参考に実験を行うこととした。ただし，彼らの実験では典型的なストレス課題である暗算課題が用いられたのに対し，認知的評価の感情制御機能を検討するには社会的要因を踏まえた課題を用いる必要があることを踏まえ，本実験では社会的要因を組み込むことでネガティブ感情が喚起されることが確認されている観察評定を伴うスピーチ課題（手塚・村山・鈴木，2007）を採用することとした。

　本実験ではまた，課題後のネガティブ感情の持続に及ぼす認知的評価の影響についても焦点を当てる。第2章で論じたように，ネガティブ感情の持続は日常に支障をきたして健康を阻害する可能性が考えられるため，認知的評価を介した感情制御が一定の役割を担いうるものと思われる。そこで，認知的評価の違いが課題後の反応の持続にも影響を及ぼしうるのか探索的に検討することとした。

第2節　言語報告を利用した認知的評価の感情制御機能の検討（実験2：手塚・福田・村山・中山・鈴木，2010）

目　的

　挑戦 – 脅威モデルに基づく認知的評価の違いが，主観的なネガティブ感情体験と心臓血管反応の喚起と持続に及ぼす影響を検討する。

方　　法

実験参加者　心理学関連の講義を受講する大学生51名（男性25名，女性26名，平均年齢19.98歳±1.39歳）を対象とした。実験1と同様に，参加者には事前に実験参加に対する諸注意が与えられていた。参加者は，実験に参加することで当該授業の成績に加点された。

スピーチ課題　手塚他（2007）の観察評定を伴うスピーチ課題を採用した。参加者には，"日常生活に果たす○○学の役割について"というテーマを課し，各自が大学で専攻する学問領域に対応させた。参加者の左斜め前方約50cmにモニタを設置し，安静期間後の課題説明時から課題終了時にかけてテーマを映し出した。また，課題中には実験者による観察評定を伴った。モニタの左隣にビデオカメラを置き，参加者にはカメラに向かって話をするよう指示した。スピーチ中の様子は録画されると同時に，言葉使いや話し方，話の分かりやすさについて2名の実験者がリアルタイムで評定すると伝えた。1名はシールドルーム内で実験者の右斜め後方50cmから，もう1名はカメラを通じて評定した。課題説明の際に，評定結果を先行研究で得られた大学生の標準得点（60点）と比較し，60点を下回った場合には実験の最後に録画した映像を用いてマイナスポイントを解説し，質疑応答を行うと伝えた。実際には，得点のフィードバックおよび質疑応答は行わなかった。実験途中でカメラを設置する際に，実験者が使用するスピーチ評定用紙を参加者に手渡し，内容を確認させた。評定項目は，MulacとSherman（1974）を参考に，話し方などに関する10項目（各10点）を独自に作成した（たとえば，"声の震え"，"言葉遣い"，"強調の欠如"，"どもり"，"分かりやすさ"など）。実験者は，課題中のみシールドルーム内で同席した。スピーチの実施期間は3分間で，事前に2分間の準備期間を設けた。

群　認知的評価の言語報告を利用して，挑戦群と脅威群を設定した。Tomakaら（1993）およびQuigleyら（2002）を参考に，要求評価を尋ねる項目（"この状況は私にとってストレスに満ちていると思う"）と，個人の資源評価に関する項目（"スピーチをうまくやり遂げられると思う"）の2項目を採用した。各項目への回答は，全く思わない（1点）から非常に思う（6点）の6件法で求めた。両得点の差を求めることで，要求得点が資源得点を上回ったと

きは状況を脅威と，逆に下回った場合には状況を挑戦的なものと評価していると解釈する（Tomaka et al., 1993）。本研究では，要求得点から資源得点を減算し，正の値を示した場合には脅威評価を，負の値の場合には挑戦評価を示すものとみなした。得られた値を中央値（$Med=1.00$）で分割して各参加者を2群に振り分けたところ，挑戦群（$M=-0.15, SD=1.20$）は26名，脅威群（$M=3.12, SD=1.18$）は25名となった。また，上記の2項目は課題後にも測定し，その際，資源評価に関する項目は過去形で尋ねた。

指標　上述の認知的評価を測定する2項目の他，主観的な感情体験を尋ねるために一般感情尺度（小川・菊谷・門地・鈴木，2000）を用いた。これは，各8項目からなる3下位尺度（"肯定的感情"，"否定的感情"，"安静状態"）で構成されており，信頼性および妥当性が確認されたものである。現在の状態について，全く感じていない（1点）から非常に感じている（4点）の4件法で回答させた。心臓血管系指標は，実験1と同じく，SBP，DBP，HR，CO，TPRを採用した。

手続き　参加者は，始めに実験参加同意書に自署し，健康状態に関する質問に回答した。電極装着後，実験室内に設置されたシールドルームに入室し安楽椅子（パイオニア，Bodysonic）に腰掛けた。測定機器の装着後，装置の動作確認の時間を利用して約15分の順応期間が設けられた。ベースラインとして3分間の安静期を経て，1回目の主観的感情体験に回答した。続いてスピーチ課題の説明が行われ，ビデオカメラが設置された。2分間の準備期間の後，1回目の認知的評価および2回目の主観的感情体験に回答した。課題期としてスピーチを3分間行い，採点期間と称した5分の課題後期を経て2回目の認知的評価および3回目の主観的感情体験に回答した。以上で実験終了とし，機器類が外されシールドルームから退室した。最後に実験操作に関する質問に回答し，デブリーフィングを通じて実験内容を口外しないよう求められた。心臓血管反応は，実験期間を通じて連続測定された。また，実験者は男性と女性の各1名で，実験参加者と同性の実験者が電極の装着を行った。実験中の説明や教示は，インターホンを通じて男性実験者が行った。質問紙の受け渡しと課題中の観察は女性の実験者が行った。

データ処理　結果の分析では，安静期をRest，課題の準備期をPre，課

題期を Task，課題後期を Post とした。また，心臓血管反応について，Rest は最後の1分間，Pre 以降の期間はすべて1分ごとの平均を求め（以下，Pre1 から Pre2，Task1 から Task3，Post1 から Post5 とする），各期間の値から Rest の値を減算した変化値を用いた。心臓血管反応の持続を検討した先行研究（Glynn et al., 2002）に従い，すべての指標について課題中の反応（Pre と Task）と課題後の反応の持続（Post）とを別々に分析した。分散分析は，群を被験者間要因，該当する期間を被験者内要因とする反復測度デザインに従った。自由度の修正と下位検定は，実験1に準じた。

結　果

認知的評価

挑戦群と脅威群の認知的評価得点の平均を表3に示した。Pre において2群にみられた差は，そのまま Post まで持続しており，両群の認知的評価は Pre から Post にかけてほとんど変化しなかった。

群(2)×期間(2)の分散分析の結果，群の主効果が有意となり（$F(1, 49) = 55.09, p < .01$），交互作用も有意傾向を示した（$F(1, 49) = 2.95, \varepsilon = .84, p < .10$）。下位検定の結果，Pre と Post の両期間において有意な群の単純主効果がみられ（Pre: $F(1, 98) = 50.16$, Post: $F(1, 98) = 26.30, ps < .01$），挑戦群が脅威群よりも高い得点を示した。

表3　挑戦群と脅威群における心理指標の平均（標準誤差）の推移

指標	群	Rest	Pre	Post
認知的評価	挑戦群	－	−0.15 (0.24)	0.27 (0.41)
（＝要求−資源）	脅威群	－	3.12 (0.24)	2.64 (0.42)
肯定的感情	挑戦群	15.81 (0.77)	14.96 (0.67)	13.69 (0.84)
	脅威群	14.84 (0.79)	12.12 (0.68)	12.00 (0.86)
否定的感情	挑戦群	11.81 (0.68)	20.85 (1.16)	15.19 (0.94)
	脅威群	11.80 (0.69)	27.20 (1.18)	18.48 (0.96)
安静状態	挑戦群	25.38 (0.86)	15.50 (0.96)	19.35 (1.01)
	脅威群	25.96 (0.88)	12.44 (0.98)	17.28 (1.03)

主観的感情体験

主観的感情体験は，いずれの指標にも群間差がみられた（表3）。"肯定的感情"は，両群ともに Rest から Post にかけて減少し，Pre において2群の差が大きかった。"否定的感情"は，両群ともに Rest から Pre にかけて値が増加し，Post に減少した。Pre と Post では，脅威群の方が高い値を示した。"安静状態"は，両群どちらも Rest の値が最も高く，Pre で減少し，Post にやや元の方向へと変化した。Pre と Post で2群に差が生じ，いずれも挑戦群の方が高い得点であった。

各下位尺度について，群(2)×期間(3)の分散分析を行ったところ，"肯定的感情"と"否定的感情"に群の有意な主効果がみられた（"肯定的感情": $F(1, 49) = 5.56, p < .05$，"否定的感情": $F(1, 49) = 10.23, p < .01$）。また，すべての指標で期間の主効果も有意となった（"肯定的感情": $F(2, 98) = 8.69, \varepsilon = .91$，"否定的感情": $F(2, 98) = 134.67$，"安静状態": $F(2, 98) = 111.31, ps < .01$）。さらに，交互作用が"否定的感情"で有意となり（$F(2, 98) = 9.04, p < .01$），"安静状態"でも有意傾向を示した（$F(2, 98) = 2.81, p < .10$）。交互作用について単純主効果の検定を行った結果，"否定的感情"では，Pre と Post で群の単純主効果が有意であった（Pre: $F(1, 147) = 23.01, p < .01$, Post: $F(1, 147) = 6.16, p < .05$）。どちらの期間でも，脅威群の得点が高かった。また，両群において期間の単純主効果も認められた（挑戦群: $F(2, 98) = 37.23$，脅威群: $F(2, 98) = 106.47, ps < .01$）。いずれも，高い順に Pre, Post, Rest となった。"安静状態"では，Pre において有意な群の単純主効果が検出され（$F(1, 147) = 5.27, p < .01$），挑戦群が脅威群よりも高い値を示した。両群における期間の単純主効果も有意となり（挑戦群: $F(2, 98) = 39.49$，脅威群: $F(2, 98) = 74.63, ps < .01$），いずれも Rest, Post, Pre の順で得点が高かった。最後に，"肯定的感情"の各主効果の多重比較の結果，Rest と他の期間との差が有意となり，また挑戦群の方が期間を通じて高い値を示した。

Pre および Task の心臓血管反応

心臓血管反応の分析は，体動などによる血圧装置の測定エラーに伴い，挑戦群5名，脅威群3名のデータをそれぞれ除外した。

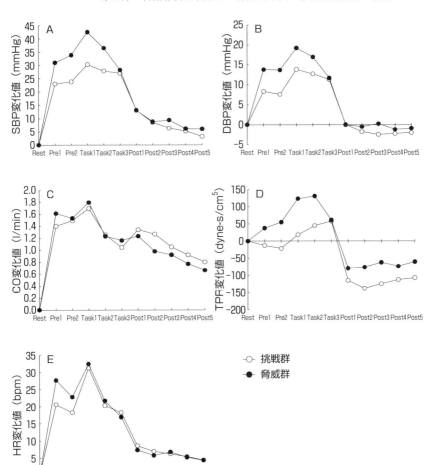

図3 2群の心臓血管反系指標の平均変化値の推移（A: SBP, B: DBP, C: CO, D: TPR, E: HR）

各指標の変化値について，群ごとの推移を図3に示した。いずれの指標も，PreからTaskにかけて値が増加し，課題の後半には減少した。また，COを除く各指標で，脅威群の方が挑戦群よりも大きな変化を示した。

各指標について，群(2)×期間(5)の分散分析を行った。その結果，SBPと

DBP の群の主効果が有意傾向を示し（SBP: $F(1, 41) = 3.27$, DBP: $F(1, 41) = 3.56$, ps＜.10），脅威群の方が変化が大きい傾向にあった。また，すべての指標で期間の主効果が有意であった（SBP: $F(4, 164) = 6.85$, $\varepsilon = .37$, DBP: $F(4, 164) = 9.39$, $\varepsilon = .37$, CO: $F(4, 164) = 7.26$, $\varepsilon = .66$, HR: $F(4, 164) = 31.11$, $\varepsilon = .71$, ps＜.01, TPR: $F(4, 164) = 3.75$, $\varepsilon = .55$, p＜.05）。多重比較の結果，SBP は，Task1 と Pre1，Pre2 および Task3 との間の差が有意であった。DBP では，Task1 と Task2 が Pre1，Pre2 および Task3 よりも高い値を示した。CO は，Pre1 から Task1 にかけての反応が，Task3 よりも大きかった。Task1 と Task2 との差も有意であった。TPR は，Task2 が Pre1 と Pre2 よりも高い値であった。HR は交互作用も有意であったため（$F(4, 164) = 2.81$, $\varepsilon = .71$, p＜.05），単純主効果の検定を行った。Pre1 において群の単純主効果が有意となり（$F(1, 205) = 2.85$, p＜.10），脅威群の方が挑戦群よりも反応が大きかった。各群において，期間の単純主効果も認められた（挑戦群: $F(4, 164) = 15.49$, 脅威群: $F(4, 164) = 18.44$, ps＜.01）。挑戦群では，Task1 の反応が他の期間よりも高かった。脅威群は，Pre1 が Task2 および Task3 よりも高い値を示し，また，Task1 が Pre2，Task2 および Task3 よりも反応が大きかった。

Post の心臓血管反応の持続

　図3から，TPR を除く4指標は，時間の経過に沿って反応がベースライン水準に戻っていった。TPR には群の違いが認められ，脅威群の方が挑戦群よりも反応が高い水準にあった。

　群(2)×期間(5)の分散分析を行った結果，TPR 以外の指標で期間の主効果が有意であった（SBP: $F(4, 164) = 23.45$, $\varepsilon = .50$, CO: $F(4, 164) = 27.14$, $\varepsilon = .54$, HR: $F(4, 164) = 9.22$, $\varepsilon = .78$, ps＜.01, DBP: $F(4, 164) = 3.43$, $\varepsilon = .57$, p＜.05）。SBP と DBP は，Post1 と Post2 から Post5 との間に差がみられた他，Post2 と Post4 および Post5，Post3 と Post5 の差もそれぞれ有意であった。DBP は，Post1 と Post4 に差が認められた。HR は，Post1 から Post3 の反応が Post5 よりも大きく，Post1 と Post4 の差も有意となった。その他の主効果および交互作用は有意でなかった。

考　察

　実験2では，参加者の言語報告を利用して，挑戦評価（挑戦群）と脅威評価（脅威群）がネガティブ感情反応の喚起と持続に差異をもたらすのか検討した。

　心理指標の結果について，挑戦群は課題前の評価得点が約0点と要求と資源のバランスが均衡していたのに対し，脅威群は文字通り状況を脅威ととらえていた。課題後も両群の認知的評価はほとんど変化しなかった。資源評価の質問項目は，課題後に過去形で尋ねたことから，自身がスピーチ課題をうまくやり遂げられたと感じている程度が得点に反映されることになる。得点の推移を眺めると，挑戦群は思い通りにうまく課題を行えたのに対し，脅威群は適切に遂行できず，課題後もストレスフルな状況に曝されていたと考えられる。認知的評価に対応する形で，両群には主観的感情体験においても差が生じ，特に"否定的感情"と"安静状態"において顕著であった。脅威群は挑戦群よりも課題遂行に伴うネガティブ感情が増大し，課題後も両群の差はさほど縮まらなかった。状況を脅威と評価することとネガティブ感情は密接に関係していることから（Lazarus, 1966, 1999a; Lazarus & Folkman, 1984），両群にみられたネガティブ感情の差異は，状況に対する脅威評価の違いを反映したものと解釈できる。これらの結果は，認知的評価がネガティブ感情の喚起に影響することを認めた実験1の知見を拡張するもので，感情の持続過程にも認知的評価が関与することが実証された。また，本結果の一部は，実験1で観察された評価群のネガティブ感情の低さと同様のものと解釈できる。このことは，言語報告に基づく認知的評価の群設定の妥当性を示すものと思われる。

　心臓血管反応の喚起にも，認知的評価の影響がみられた。スピーチの準備および課題中のSBP，DBPおよびHRにおいて，挑戦群が脅威群よりも低い反応水準にあった。また，TPRにも同様の差がみられたものの，統計的には有意でなかった（$p < .20$）。本結果から，認知的評価がネガティブ感情体験に伴う血圧に影響することが示され，状況へのポジティブな評価が血圧の増加を抑制することが認められた。第2章でも論じたが，心臓血管系にみられる生体への負荷は最終的に血圧に反映される（澤田，1990, 2001）。また，環境刺激に対する一過性の血圧の亢進は，循環系疾患の罹患と関連すると考えられている（Gerin et al., 2000; 澤田，1998b; Treiber, Kamarck, Schneiderman, Sheffield,

Kapuku, & Taylor, 2003)。本結果から，認知的評価が生理的側面に影響を及ぼし，状況への意味づけがポジティブなほど血圧の過剰な亢進を抑制する機能が示された。この結果は，これまでに行われた先行研究では認められていない成果であり，認知的評価の感情制御機能が心身の健康に寄与する可能性を示した有用な結果といえよう。

　認知的評価の制御機能が血圧において観察された一方で，他の指標では挑戦－脅威モデルと整合しないような結果も認められた。挑戦評価は，脅威評価に比べて課題中の心臓活動が亢進するのに対し，脅威評価は心臓活動の減弱を招くと考えられている（Blascovich et al., 2003）。しかし，本結果では脅威群においても，心臓型を規定する CO と HR が課題遂行に伴い亢進しており，典型的な血管型反応というよりは心臓活動と血管活動の双方が亢進する混合型の反応を示していた。本研究と同様の課題を用いた手塚他（2007）や類似の課題を用いた先行研究（al' Absi, Bongard, Buchanan, Pincomb, Licinio, & Lovallo, 1997; 敦賀・鈴木, 2007）においても CO と TPR の亢進が認められており，この結果には観察評定を伴うスピーチに特有の課題要求が少なからず反映していたと思われる。挑戦評価と脅威評価という心理的要因は，この課題要求を修飾する形で作用したと考えるのが妥当な解釈といえよう。また，わずかな期間ではあるが，脅威群は挑戦群よりも HR の値が高かった。Blascovich ら（2003）によると，HR は課題への没入の程度を反映するため，挑戦または脅威評価のどちらにおいても亢進する。そのため，心臓活動の中でも，心筋の収縮力を反映した前駆出期や SV などに評価の質的違いは反映すると考えられており，最近の研究では HR は分析対象から外れている（Blascovich et al., 2003; Blascovich, Mendes, Hunter, Lickel, & Kowai-Bell, 2001）。主観的体験および血圧の結果を踏まえると，脅威群の自我関与の程度が HR にも反映されたと思われる。

　認知的評価が課題中の反応に影響を及ぼした一方で，課題後の心臓血管反応の持続に及ぼす影響は，本結果からはほとんど窺い知ることができなかった。TPR に挑戦群と脅威群の違いが生じていたようにも見受けられるが，統計的な差は認められなかった（$p < .12$）。しかし，先行研究および本研究での課題中の反応をみると，脅威評価と血管活動との関連性が示されていることから，

課題後の反応にも認知的評価が反映されている可能性が十分に考えられる。課題後は，いわゆる受動的対処が要求される事態であり，環境への能動的な関与はできない。LazarusとFolkman（1984）の理論に従えば，二次評価の対象となりえない事態であり，脅威に関する一次評価しかなしえない事態ともみなせる。心理指標の結果をみると，課題後における状況へのネガティブな意味づけが，挑戦群の方が脅威群よりも低かった。多少の拡大解釈が許されるのであれば，挑戦群と脅威群とにみられた TPR の反応の違いは，両群の認知的評価の違いを反映している可能性を示唆するものと思われる。

　本実験の結果から，課題後の状況に対する脅威評価が，ネガティブ感情の持続と関連する可能性が示唆された。このことから，状況への脅威評価の変容に伴い，感情反応が変化する可能性が考えられる。第2章でも論じたように，実生活では，原因となる出来事が目前から消失した後もネガティブ感情がしばしば持続する。このような事態では，直接的な問題解決は不可能なため，状況に対する意味づけの変容がネガティブ感情を軽減するために有効な方略と考えられている（Lazarus, 1966, 1999a; Lazarus & Folkman, 1984）。ネガティブ感情の持続は，心臓血管反応の亢進を介して心身の健康に負の作用をもたらす可能性も高く（Gerin et al., 2002; Linden et al., 1997），再評価による感情制御が心身に恩恵をもたらすものと思われる。しかしながら，従来の研究では，再評価という用語が用いられているものの（Gross, 1998a），実験操作を通じて認知的評価を実際に変容させる試みはなされていない。そこで実験3では，実験的に認知的評価を変容することで，課題後の反応の持続にどのような影響が生じるのか検討を行う。

第5章

再評価が
ネガティブ感情
反応の持続に
及ぼす影響

第1節　ネガティブ感情の持続における再評価の機能

　実験3では，認知的評価の変容が課題後のネガティブ感情の持続に及ぼす影響を検討する。参加者の認知的評価の変容をとらえるには2つの方法がある。1つは，実験2で用いた質問項目を課題直後に尋ね，事後的に再評価が生じた群とそうでない群とに分割するというものである。この方法に関して手塚他（2007）は，課題直後に心理指標に回答することでその後の心臓血管反応の回復が速まることを見出している。この報告を踏まえると，心理指標への回答という交絡要因によって生理反応が影響を受けるおそれがある。もう1つの手法は，言語報告ではなく，実験的な操作によって再評価を促すような手続きである。LazarusとFolkman（1984）によれば，環境や自身の反応から得た新たな情報を通じて認知的評価が変容すると考えられることから，実験的な操作を通じて認知的評価が変容しうるといえよう。本実験では，後者の方法を用いて再評価の制御機能を検討することとした。

　本実験では，実験2や先行研究の知見をもとに，状況に対する脅威性に焦点を当てた操作を行う。状況を脅威ととらえることでネガティブ感情が喚起され（Lazarus & Folkman, 1984），心臓血管活動にみられる生理的側面への負の影響も強いことから（Tomaka et al., 1993, 1997），状況に対する脅威性を操作することで課題後の反応の持続に異なる影響が生ずるものと思われる。実験2や先行研究（手塚他，2007）の結果から，観察評定を伴うスピーチ課題は評定結果がフィードバックされると教示されているため，課題後も脅威評価に伴いネガティブ感情が持続するといえる。そこで，このフィードバックに関する情報を操作して，認知的評価の変容の操作を試みることとした。フィードバック情報の利用は，自然な形で参加者の認知的評価を操作できると考えられ，有効な手法と考えられる（Nummenmaa & Niemi, 2004）。

第2節　再評価がネガティブ感情反応の持続に及ぼす影響（実験3：手塚・敦賀・村瀬・鈴木，2007）

目　的

課題後の実験状況への再評価が，課題後の主観的なネガティブ感情体験と心臓血管反応の持続に及ぼす影響を検討する。

方　法

実験参加者　心理学関連の講義を受講する大学生49名（男性29名，女性20名，平均年齢19.08歳±0.86歳）を対象とした。実験1と同様に，参加者には事前に実験参加に対する諸注意が与えられていた。参加者は，実験に参加することで当該授業の成績に加点された。

スピーチ課題　実験2とほぼ同様のスピーチ課題を使用した。ただし，本実験では課題中に実験者がシールドルーム内に同席しなかった。参加者には"日常生活に心理学はどのように活かせるか"というテーマを課した。参加者の正面約1mにビデオカメラに向かって話をするよう指示し，スピーチ中の様子は録画されると告げた。また，話し方や言葉使いについてカメラを通じて実験者と専門の観察者が評定し，さらに内容に関して事前調査によって得た一般学生の意見と比較したうえで，実験の最後に評定結果をフィードバックすると教示した。実際には，いずれの群にもフィードバックは行わなかった。スピーチの実施期間は3分間で，事前に3分間の準備期間を設けた。

群　課題終了後，行った課題に関する説明を各群に与える際に，それぞれ異なる内容を呈示することで状況に対する脅威性が異なる3群を設定した。非脅威群は，状況を脅威でないと評価することで，感情反応が素早く消失することを期待された群であった。この群はスピーチ終了後，実際には録画も観察者による評定もしておらず結果のフィードバックがないと伝えられ，しばらくしたらデブリーフィングを行うのでそのまま待つよう指示された。反対に，脅威性を高めることで反応が一定水準を持続するよう操作されたのが脅威群で

あった。脅威群には，スピーチに不明瞭な点があるため，しばらくしたら録画した映像を見ながら質疑応答を行うと伝えた。統制群は，課題に関する追加情報はなく，そのまましばらく待つよう指示された。参加者は，いずれかの群に課題後の操作によってランダムに配置され，非脅威群（16名），脅威群（18名），統制群（15名）という構成であった。

指標　認知的評価を測定するため，鈴木・坂野（1998）が作成した認知的評価測定尺度を用いた。これは，4下位尺度8項目（"影響性の評価"，"脅威性の評価"，"コミットメント"，"コントロール可能性"）で構成されている。その他の心理指標および心臓血管指標は，実験2と同様であった。主観的な感情体験を尋ねるため，小川他（2000）が作成した一般感情尺度を用いて"肯定的感情"，"否定的感情"および"安静状態"を尋ねた。心臓血管系指標は，SBP, DBP, HR, CO, TPRを採用した。

手続き　参加者は，まず始めに実験参加同意書への自署および健康状態に関する質問に回答した。電極装着後，実験室内に設置されたシールドルームに入室し安楽椅子（パイオニア，Bodysonic）に腰掛けた。測定機器の装着および動作確認に続いて，ベースラインとなる5分間の安静期を経て，1回目の主観的体験に回答した。続いて，スピーチ課題の説明が行われ，ビデオカメラが設置された。3分間の準備期間を経て，1回目の認知的評価および2回目の主観的体験について回答した。3分間のスピーチ課題を実施した直後に，群ごとに異なる教示が呈示された。引き続き5分間の課題後期を経て，2回目の認知的評価および3回目の主観的体験について回答した。以上で実験終了とし，機器類が外されシールドルームから退室した。最後にデブリーフィングを通じて実験内容を口外しないよう求められた。なお，実験者は男性1名と女性2名が担当し，実験参加者と同性の実験者が電極の装着を担当した。実験中の説明や教示はすべてインターホンを通じて男性実験者が行った。

データ処理　結果の分析では，安静期をRest，課題の準備期をPre，課題期をTask，課題後期をPostとした。認知的評価の得点は，PostからPreの値を減算した変化値を，主観的体験はRestからの変化値をそれぞれ統計分析に用いた。心臓血管反応について，Restは最後の1分間，PreとTaskは3分間，Postは1分ごとの平均（以下，Post1からPost5とする）を求め，各期

間の値から Rest の値を減算した変化値を用いた。実験2に準じ，すべての指標について課題中の反応（Pre と Task）と課題後の反応の持続（Post）とを別々に分析した。分散分析は，群を被験者間要因，該当する期間を被験者内要因とする反復測度デザインに従った。自由度の修正と下位検定は，実験1に準じた。

結　果

認知的評価

認知的評価測定尺度の各下位尺度の変化値を表4に示した。"影響性の評価"は，脅威群の変化が非脅威群と統制群よりも小さかった。"脅威性の評価"は，非脅威群が他の2群に比べて減少し，"コミットメント"も同様の傾向を示した。"コントロール可能性"は，非脅威群が他の2群よりも増加していた。

表4　各群の認知的評価の平均変化値（標準誤差）

群	影響性の評価	脅威性の評価	コミットメント	コントロール可能性
非脅威群	−1.06 (0.39)	−1.19 (0.32)	−2.44 (0.47)	1.81 (0.41)
脅威群	−0.33 (0.37)	−0.06 (0.30)	−1.06 (0.44)	0.94 (0.39)
統制群	−1.20 (0.41)	−0.33 (0.33)	−1.07 (0.48)	0.60 (0.42)

各下位尺度の得点について，群を要因とする分散分析を行った結果，"脅威性の評価"（$F(2, 46) = 3.55, p < .05$）と"コミットメント"（$F(2, 46) = 2.94, p < .10$）における効果が有意もしくは有意傾向であった。多重比較の結果，"脅威性の評価"では，脅威群よりも非脅威群の方が負の変化が大きく，状況に対する脅威性をより小さく評価していた。"コミットメント"も同様の傾向が認められた。非脅威群と統制群との関係も類似したものであったが，統計的には有意でなかった（"脅威性の評価"：$p < .16$，"コミットメント"：$p < .11$）。

主観的感情体験

脅威群において記入漏れのあった1名のデータを除き，48名を分析対象とした。各下位尺度の変化値を表5に示した。"肯定的感情"は，非脅威群が3群

中最も大きく変化し，Pre ではベースライン以下であったが，Post では高い水準を示した。脅威群と統制群は，いずれの期間もベースラインより低かった。また，脅威群のみ Pre から Post にかけて，より負の変化を示した。"否定的感情"は，すべての群で Pre に値が増加し，Post にはベースライン方向に減少した。特に，非脅威群が大きく減少した。"安静状態"は，3群ともに Pre で減少し，Post にはベースライン付近まで戻る傾向にあった。なかでも，非脅威群の変化が大きかった。

表5　各群における主観的感情体験の平均変化値（標準誤差）の推移

群	肯定的感情		否定的感情		安静状態	
	Pre	Post	Pre	Post	Pre	Post
非脅威群	−1.81	1.75	11.06	0.00	−10.75	−1.94
	(1.06)	(0.94)	(1.57)	(1.33)	(1.65)	(1.29)
脅威群	−0.88	−1.59	10.76	4.76	−8.88	−4.76
	(1.03)	(0.91)	(1.52)	(1.29)	(1.60)	(1.25)
統制群	−3.33	−1.80	8.60	1.40	−9.47	−3.13
	(1.10)	(0.97)	(1.62)	(1.38)	(1.70)	(1.33)

各下位尺度の得点について，群(3)×期間(2)の分散分析を行った。すべての下位尺度において期間の主効果が有意であった（"肯定的感情": $F(1, 45) = 4.30, p < .05$，"否定的感情": $F(1, 45) = 68.89$，"安静状態": $F(1, 45) = 44.83, ps < .01$）。また，"肯定的感情"（$F(2, 45) = 3.16, p < .10$）および"否定的感情"（$F(2, 45) = 2.50, p < .10$）の交互作用が有意傾向を示したため，単純主効果の検定を行った。"肯定的感情"では，非脅威群における期間の単純主効果（$F(1, 45) = 8.49, p < .01$）が有意となり，Pre と Post に差が認められた。また，Post において群の単純主効果（$F(2, 90) = 3.93, p < .05$）も有意となり，多重比較の結果，非脅威群が統制群よりも高い値を示した。"否定的感情"では，3群ともに期間の単純主効果が認められ（非脅威群: $F(1, 45) = 42.97$，脅威群: $F(1, 45) = 12.64$，統制群: $F(1, 45) = 18.20, ps < .01$），すべての群が Pre より Post において低い値であった。また，Post における群の単純主効果が有意傾向を示し（$F(2, 90) = 2.83, p < .10$），非脅威群が脅威群よりも得点が低

かった（$a = .10$）。

心臓血管反応

　スピーチ中の体動などによる血圧装置の測定エラーに伴い，非脅威群5名，脅威群3名，統制群5名のデータを分析から除外した。

　Pre および Task の心臓血管反応　各指標の Pre および Task の変化値について，群(3)×期間(2)の分散分析を行ったところ，いずれの指標でも群の主効果と交互作用は有意とならなかった（図4）。これらの結果から，認知的評価の実験操作前では，各群の反応は大差ないことが示された。また，SBP，DBP および TPR において期間の主効果が有意となり（SBP: $F(1, 33) = 9.20$, DBP: $F(1, 33) = 9.10$, TPR: $F(1, 33) = 9.63$, $p\mathrm{s} < .01$），スピーチ課題の遂行に伴いこれらの反応が増加した。

　Post の心臓血管反応の持続　各指標の変化値を図4に示した。SBP および DBP は，非脅威群が Post の前半でベースラインに近い水準にあったのに対し，脅威群と統制群は徐々にベースライン方向へと変化を示した。CO は，Post1 において統制群と他群との間に差があるように見受けられたものの次第に同程度の水準となり，各群ともに類似した推移であった。TPR は，非脅威群が Post1 の時点でベースラインを下回る回復性を示したのに対し，脅威群と統制群はベースラインよりも高く，徐々に元の水準へと変化していった。HR は，他の指標ほどに明確な群差は認められなかった。

　各指標について，群(3)×期間(5)の分散分析を行った。その結果，TPR を除くすべての指標において期間の主効果が有意であった（SBP: $F(4, 132) = 16.87$, $\varepsilon = .43$, CO: $F(4, 132) = 5.26$, $\varepsilon = .60$, HR: $F(4, 132) = 4.33$, $\varepsilon = .90$, $p\mathrm{s} < .01$, DBP: $F(4, 132) = 4.12$, $\varepsilon = .48$, $p < .05$）。また，CO 以外の指標において有意な交互作用が認められた（SBP: $F(8, 132) = 2.12$, $\varepsilon = .43$, $p < .10$, DBP: $F(8, 132) = 2.93$, $\varepsilon = .48$, TPR: $F(8, 132) = 2.55$, $\varepsilon = .52$, $p\mathrm{s} < .05$, HR: $F(8, 132) = 3.37$, $\varepsilon = .90$, $p < .01$）。交互作用が有意であった各指標について，単純主効果の検定および多重比較を行った。SBP では，すべての群で期間の単純主効果が有意となった（非脅威群: $F(4, 132) = 3.37$, $p < .05$, 脅威群: $F(4, 132) = 7.42$, 統制群: $F(4, 132) = 10.65$, $p\mathrm{s} < .01$）。多重比較の結果，非脅威群

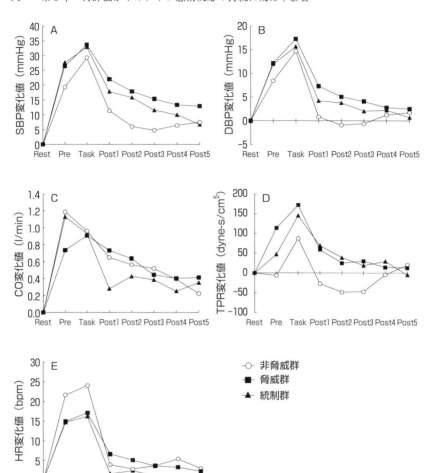

図4　各群の心臓血管反応系指標の平均変化値の推移（A: SBP, B: DBP, C: CO, D: TPR, E: HR）

はPost1とPost3との間に，脅威群はPost1とPost3からPost5との間にそれぞれ差が認められた．統制群は，Post1とPost3からPost5との間，Post2とPost4およびPost5との間でそれぞれ差がみられた．また，Post2における群の単純主効果が有意傾向を示し（$F(2, 165) = 3.37, p < .10$），非脅威群が脅威

群よりも低い値を示した（$a = .10$）。DBPでは，期間の単純主効果が脅威群と統制群で有意であった（脅威群: $F(4, 132) = 5.22, p < .01$，統制群: $F(4, 132) = 2.78, p < .05$）。多重比較の結果，脅威群ではPost1とPost4およびPost5との間で，統制群ではPost1とPost5との間でそれぞれ差が認められた。SBPとDBPは，非脅威群が課題終了後の早い段階でベースライン水準に回復したのに対し，脅威群と統制群は回復に時間を要した。TPRでは，期間の単純主効果が非脅威群と統制群に認められた（非脅威群: $F(4, 132) = 3.18$，統制群: $F(4, 132) = 2.71, ps < .05$）。多重比較の結果，非脅威群はPost2およびPost3とPost5との間に差がみられた。統制群はPost1とPost5の差が有意となった。非脅威群は，課題後すぐにベースライン以下の水準に至り，期間の後半にベースライン方向へ反応が亢進した。これに対し統制群は，時間の経過に沿って元の水準へと変化した。HRでは，群の単純主効果がPost1とPost4で認められ（Post1: $F(2, 165) = 4.18$, Post4: $F(2, 165) = 3.24, ps < .05$），多重比較の結果，Post1で脅威群が統制群よりも高い値を示し，Post4では非脅威群が統制群よりも値が高かった。また，非脅威群と脅威群において期間の単純主効果が有意となった（非脅威群: $F(4, 132) = 2.56, p < .05$，脅威群: $F(4, 132) = 7.07, p < .01$）。非脅威群は，Post2とPost4との間に差が生じ，その間にHRの亢進が認められた。脅威群は，Post1とPost3からPost5の間，Post2とPost5にそれぞれ差があり，時間の経過に沿って変化した。COの主効果について多重比較を行ったところ，Post1およびPost2とPost4およびPost5との間に有意な差がみられ，時間の経過に沿って回復していくことが示された。

考　察

実験3では，課題終了直後に認知的評価の変容を促すことで，感情反応の持続にどのような影響が生じるのか検討した。実験の結果，PreからPostにかけて認知的評価得点に変化がみられ，非脅威群は他の群に比べ，課題後の状況をより脅威の低いものととらえていた。このことから，本実験操作によって目的とする認知的評価の変化を引き起こすことができたと解釈できる。また，状況に対するコミットメントも脅威性と同様の結果が得られ，非脅威群は課題成績が自らに負荷を及ぼさないと認識したことが，この結果に反映されたと思わ

れる。

　主観的感情体験と心臓血管反応について，実験操作を施すまでは主観的感情体験に群間差はなく，心臓血管反応は実験2といずれの群も類似していた。一方，実験操作後のこれらの反応は，各群の認知的評価に応じた変化を示した。非脅威群は，ネガティブ感情の減少とポジティブ感情の増加が認められ，心臓血管反応もベースライン水準まで素早く回復した。脅威群と統制群は，非脅威群に比べて感情の変化が小さく心臓血管反応の回復にも遅延が生じるなど，課題によって喚起された反応が持続気味であった。これらの結果から，課題後の感情反応に実験操作が反映され，脅威評価の変容が各群の反応に違いをもたらしたと考えられる。

　主観的な感情体験について，非脅威群にみられた脅威評価の低減に伴うネガティブ感情の解消は，実験2で得られた知見と一致するものである。また，課題後にみられた非脅威群のポジティブ感情の増加に関して，門地・鈴木（1998）は，刺激呈示中に喚起された主観的な感情体験は，刺激が取り除かれた後に元の水準に戻るだけでなく，別の感情が生じることを見出している。ネガティブ感情の解消過程においてポジティブ感情が生じることは，複数の研究者によっても理論付けられているように（詳細は，門地，2001），ある種の適応反応と考えられる。より掘り下げて解釈すれば，こうした適応反応は，認知的評価の質的な変化によるものと思われる。ポジティブな再評価は，より適応的な結果をもたらすといわれ（Folkman & Moskowitz, 2000a, 2000b），非脅威群の参加者はポジティブ感情を喚起するような意味を見出した可能性が考えられる。ただし，本研究では再評価の詳細はとらえられておらず，どのような再評価が生じたのかは今後の検討課題である。非脅威群とは対照的に，脅威群と統制群は課題成績がフィードバックされると認識していたためか，実験状況に対する認知的評価がほとんど変化しなかった。そのため，非脅威群に比べて感情体験の変化が全般に小さかったのだと思われる。

　課題後の心臓血管反応の持続も，認知的評価の変化に対応していたと考えられる。血圧について，非脅威群は課題後の早い時点でベースライン水準まで回復し，ほとんど持続しなかった。一方，脅威群と統制群は時間に沿って徐々に血圧が減少し，非脅威群に比べて持続傾向にあった。挑戦-脅威モデル

(Blascovich & Mendes, 2000) や Glynn ら (2002) の知見を考慮すると，非脅威群にみられた脅威評価の変化に伴うネガティブ感情の低下が，血圧の回復を促進させたと考えられる。これに加え，実験操作に伴うポジティブ感情の増加も，血圧の回復に寄与した可能性がある。Fredrickson の研究グループは，ネガティブ感情喚起課題の遂行に伴う心臓血管反応が，課題後のポジティブ感情を介してベースライン水準に素早く回復することを報告している (Fredrickson & Levenson, 1998; Fredrickson, Mancuso, Branigan, & Tugade, 2000; Tugade & Fredrickson, 2004)。また，実験2の結果では，挑戦群は課題後のネガティブ感情が大きく減少したにもかかわらず，血圧に統制群との違いが見出されなかった。これらを踏まえると，ポジティブ感情の増加も血圧回復の促進因として作用した可能性が高い。

　他の生理指標について，TPR は非脅威群のみ課題後すぐにベースライン水準を下回ったのに対し，脅威群と統制群は徐々に減少した。CO の変化に群の違いがみられなかったことから，TPR の変化の違いが各群の血圧の持続に反映したと解釈できる。挑戦－脅威モデルを参照すれば，CO には挑戦評価が，TPR には脅威評価がより影響すると考えられる。課題が終了したことでいずれの群も状況に能動的に関わることができず，いわば挑戦評価と関連しえない事態であったことが CO に群間差をもたらさなかったのに対し，実験操作に伴い各群の脅威評価に違いが生じたことが TPR の差に現れたと考えられる。実験2の観察群と統制群，実験3の挑戦群と脅威群においても，課題後の TPR に差が認められており，状況へのネガティブな意味づけの変容は血管活動に寄与する可能性が高いと思われる。また，このように昇圧機序への影響がみられたことから，両指標を支配する自律神経系に対して認知的評価が選択的な影響を及ぼしたと推察される。第2章でも取り上げたが，CO は HR と SV の積であることから，β アドレナリン作動性交感神経および迷走神経の，TPR は α アドレナリン作動性交感神経の支配を主に受けている。本結果では，課題中は CO と TPR がどちらも亢進し，β 作動性および α 作動性いずれの交感神経活動も賦活していた。脅威群と統制群は，課題後も CO と TPR が一定水準持続していたことから，ネガティブ感情の持続に伴い交感神経活動も賦活し続けていたと思われる。一方，非脅威群は，CO は他の群と同様の変化を示したのに

対し TPR が素早く回復したことから,脅威評価の変化が α アドレナリン作動性交感神経活動を減弱させ,TPR の減少をもたらしたと考えられる。TPR の亢進は高血圧や心疾患の発症と強く関連し,生体に負の影響を及ぼす危険性があるといわれるが(Blascovich & Katkin, 1993; Saab & Schneiderman, 1993; Schwartz et al., 2003; Sherwood et al., 1999; 田中, 2001; Treiber et al., 1997),認知的評価にはそうした負荷を和らげる機能があることが示唆された。生理的側面について最後に,血圧や TPR にみられた非脅威群の認知的評価の効果は HR には認められなかった。Rutledge, Linden, と Paul(2000)は,挑発課題遂行後に血圧の持続がみられたのに対し HR は速やかに回復することを報告し,Glynn ら(2002)の結果では,課題後の HR は課題中の反応が大きいほど持続し,感情体験の強さは関連しなかった。HR には,課題終了に伴う迷走神経活動の亢進が強く影響し(澤田, 2004),感情体験の持続は反映されないのかもしれない。

　非脅威群には認知的評価の効果がみられたのに対し,脅威群と統制群は状況に対する脅威性がほとんど変化せず,感情反応が持続傾向にあった。脅威群は,課題後に状況に対する脅威性が高まるような実験操作が施され,結果を眺める限り課題に起因した反応が統制群よりも持続していた可能性が窺えるが,明確な差異は認められなかった。Earle ら(1999)や Glynn ら(2002)の結果から,課題後のネガティブな感情体験に伴う心臓血管反応の持続には,状況をどのようにとらえるかという認知過程が強く影響することが示唆されている他,感情の持続因として認知的評価の機能を検討する必要性も指摘されていることからも(Jackson et al., 2000),脅威評価の増幅が感情反応にどのような影響を引き起こすのか引き続き検討を重ねる必要があろう。

　以上,非脅威群にみられた認知的評価の変化に伴う感情反応の変化は,Lazarus ら(Lazarus, 1999a; Lazarus & Folkman, 1984)が提唱する再評価の機能を支持し,さらに拡張する結果であると考えられる。再評価の制御機能がさまざまに論じられている一方で,その効果はこれまで実験的に確かめられてこなかった。非脅威群は,課題終了後に実験状況に関する新たな情報を得ることで状況に対する脅威性が変化し,それに伴いネガティブ感情が解消していることから,再評価の感情制御機能が示されたといえよう。また,ポジティブ感

情が増加すること，さらには心臓血管反応の回復が促進された点は，本研究で見出された新たな知見といえよう。心臓血管反応の持続は，背景にある交感神経活動の慢性的亢進のみならず，心筋肥大や血管肥厚などの機能的器質的な変化を引き起こすことで心疾患発症と関連すると考えられており（Schwartz et al., 2003; 田中，2001)，再評価が心身の健康に恩恵をもたらしることが，本実験によって示されたといえよう。

第6章

再評価が
ネガティブ感情
反応の持続と
反復に及ぼす
影響

第1節　成功-失敗情報を利用した再評価の操作

　実験3によって，再評価がネガティブ感情の持続に影響することが示されたものの，他の研究において再評価の機能に関する精神生理学的検討は行われておらず，得られた結果が実験操作に特有のものなのか，それとも再評価の機能を反映したものなのか，異なる手法を用いて確認する必要がある。また，状況への意味づけが変われば，再び同様の状況に遭遇した際に喚起される感情も影響を受けると予測されるが，課題の反復に伴い喚起される感情と再評価との関連性に焦点を当てた実証的研究はこれまでほぼ皆無といえる。認知的評価のダイナミックな性質を検討することは，認知的評価の感情制御機能に関する実証的基盤を強固にするものと期待される。

　そこで実験4では，再評価の感情制御機能を検討するにあたり，2つの目的のもとに実験を行うこととした。1つ目は，実験3とは異なる手法を用いて，再評価がネガティブ感情の持続に及ぼす影響を検討することである。さまざまな手がかりによって再評価は生じると考えられるが，その1つとしてParkinsonとManstead（1992）は，課題遂行の成功-失敗に基づいて再評価が生じると論じている。NummenmaaとNiemi（2004）も同様の観点から，課題成績の成功-失敗情報を利用することで実験的に再評価を検討できると指摘している。成功というポジティブな情報と失敗というネガティブな情報とでは，状況への自我関与の仕方が異なることが考えられる（Kluger, Lewinsohn, & Aiello, 1994）。この手続きはまた，課題成績を利用することで自然な形で再評価を操作できることから，実験参加者が実験操作の意図に気づきにくいという利点を有している。さらに，実験操作の開始時点が明確なため，生理反応の変化を詳細にとらえられる点も特徴とされている（Nummenmaa & Niemi, 2004）。成功-失敗情報を利用することは，実験的に再評価を操作するための1つの有用な手法と考えられる。

　2つ目の目的として，再評価が課題の反復に伴う感情反応に及ぼす影響を検討する。実験を通じて感情と健康との関連性を理解していくには，同様の課題

を繰り返し実施するなどして感情反応の慢性化について検討する必要性が唱えられている（Kelsey, Blascovich, Tomaka, Leitten, Schneider, & Wiens, 1999; Kelsey, Soderlund, & Arthur, 2004）。感情とは適応反応である一方で，ネガティブ感情を繰り返し体験することは心身への負荷が過剰となり，反応の慢性化に絡んで心身の健康に負の影響を及ぼす危険性がある。新たな情報獲得に伴う再評価を通じて状況への意味づけが変化するなら，再び同様の課題を体験した際のネガティブな感情反応にも変化が生じると考えられ，反応の慢性化の防止に再評価が寄与する可能性が考えられる。課題を反復して実施する状況を実験室で設ける場合，同一日に複数回課題を連続する手続きの他（e.g., Kelsey et al., 1999, 2004），複数日に渡って課題を行うなどの手続きも考えられる（敦賀・鈴木, 2007）。これまでに，再評価が課題反復時の反応に及ぼす影響を検討した研究は行われていないことから，本実験ではその第一段階として前者による方法を採用し，同一実験において複数回課題を遂行させることとした。

第2節　再評価がネガティブ感情反応の持続と反復に及ぼす影響（実験4：手塚・福田・鈴木, 2010）

目　的

課題遂行に関する虚偽のフィードバック情報を利用して成功－失敗体験を操作し，課題後の反応の持続および課題反復時の反応喚起に及ぼす再評価の影響を検討する。

方　法

実験参加者　心理学関連の講義を受講する大学生44名（男性22名，女性22名，平均年齢19.52歳±0.79歳）を対象とした。実験1と同様に，参加者には事前に実験参加に対する諸注意が与えられていた。参加者は，実験に参加することで当該授業の成績に加点された。

スピーチ課題　実験2で用いた観察評定を伴うスピーチ課題を2回実施した。ただし，本実験では課題中に実験者がシールドルーム内に同席しなかっ

た。1回目は"日常生活に果たす○○学の役割について"，2回目は"現代社会における○○学の活用のされ方の現状"というテーマを呈示した。スピーチの実施期間は3分間で，事前に2分間の準備期間を設けた。なお，1回目のスピーチ課題の説明時には，2回目の課題に関する説明は一切行わなかった。また，実際にスピーチを行ったのは1回目のみで，2回目のスピーチは準備期間を経過した時点で実験を終了し，実際の課題遂行を伴わなかった。

　群　1回目の課題終了直後に，インターホンとモニタを通じて参加者に虚偽の評定結果を呈示し2群を設定した。成功群には23名が，失敗群には21名がランダムに割り当てられた。成功群には80点[8]を呈示して標準得点を上回ったことを伝え，しばらく待つよう指示した。失敗群には49点を呈示し，標準得点を下回ったので実験の最後にスピーチに関する質疑応答を行うと伝えた。実験終了後のデブリーフィング時に評定結果が虚偽であることを伝え，参加者の了解を得た。

　指標　認知的評価，主観的感情体験および心臓血管系指標は，実験2と同様であった。認知的評価を測定するため，要求評価と資源評価を尋ねる2項目を採用した。項目への回答は，そう思わない（1点）からそう思う（4点）の4件法で求めた。結果の分析には，要求得点から資源得点を減算した値を用いた。なお，課題後の測定時には，資源評価に関する項目は過去形で尋ねた。主観的な感情体験を尋ねるため，小川他（2000）が作成した一般感情尺度を用いて"肯定的感情"，"否定的感情"および"安静状態"を測定した。心臓血管系指標は，SBP，DBP，HR，CO，TPRを採用した。この他に，実験操作の妥当性を確認するため，採点操作への信用度（採点されていると認識していたか）を，絶対にしていない（1点）から絶対にしている（4点）の4件法で回答させた。また，採点に対する印象を11件法で質問した（思った以上に悪かった：−5点，思った通りだった：0点，思った以上に良かった：5点）。

　手続き　参加者は，始めに実験参加同意書に自署し，健康状態に関する

---

[8] 課題中に1分以上沈黙時間が持続するなど，成功フィードバックが不自然と思われる可能性があった数名の参加者には70点を呈示し，不自然さを回避できるよう操作した。反応の推移について80点を呈示した参加者と比較したところ，問題とすべき違いが認められなかったため同様に処理した。

質問に回答した。電極装着後，実験室内に設置されたシールドルームに入室し安楽椅子（パイオニア，Bodysonic）に腰掛けた。測定機器の装着後，装置の動作確認の時間を利用して約15分の順応期間が設けられた。ベースラインとして3分間の安静期を経て，1回目の主観的感情体験に回答した。続いてスピーチ課題の説明が行われ，ビデオカメラが設置された。2分間の準備期間の後，1回目の認知的評価および2回目の主観的感情体験に回答した。課題期としてスピーチを3分間行った直後に，再評価の操作としてスピーチに対する虚偽の評定結果が呈示された。課題後の期間として4分間を経て，2回目の認知的評価および3回目の主観的体験に回答した。続いて，再び同様のスピーチ課題を行うと教示があり，2分間の準備期間を経てから，3回目の認知的評価および4回目の主観的体験に回答した。以上で実験終了とし，機器類が外されシールドルームから退室した。最後に実験操作に関する質問に回答し，デブリーフィングを通じて実験内容を口外しないよう求められた。心臓血管反応は，実験期間を通じて連続測定された。また，実験者は男性と女性の各1名で，実験参加者と同性の実験者が電極の装着を行った。実験中の説明や教示はすべて，インターホンを通じて男性実験者が行った。

　データ処理　　結果の分析では，安静期を Rest，1回目の課題に対する準備期を Pre1，課題期を Task，課題後を Post，2回目の準備期を Pre2 とした。心臓血管反応について，Rest は最後の1分間，Pre1 と Pre2 および Task は期間全体，Post は1分ごとの平均（以下，Post1 から Post4 とする）を求めた。各平均をもとに，個人ごとに全期間を通じてデータを標準化して期間ごとの標準得点（z-score）を算出し[9]，各期間の値から Rest の値を減算した変化値を分析に用いた。実験2に準じ，すべての指標について課題中の反応（Pre と Task）と課題後の反応の持続（Post）とを別々に分析した。分散分析は，群を被験者間要因，該当する期間を被験者内要因とする反復測度デザインに従った。自由度の修正と下位検定は，実験1に従った。

　9）ベースラインからの変化値を用いて統計的検定を行った結果，実験操作前の課題期（Pre1, Task）において複数の指標で群の差が有意となった（SBP: $F(1, 30) = 4.45$, HR: $F(1, 30) = 5.34$, $ps < .05$, DBP: $F(1, 30) = 15.13$, $p < .01$）。そこで，変数変換を行った値を結果の分析に用いることとした。

結　果

　認知的評価尺度の分析に際し，回答に記入漏れのあった成功群1名のデータを除外した。心臓血管反応の分析は，スピーチ中の体動などによる血圧装置の測定エラーに伴い，成功群7名，失敗群5名のデータを分析から除外した。

実験操作の妥当性

　成功群の3名のデータを，欠損値があったため分析から除いた。実験操作への信用度について平均を求めたところ，成功群は2.95点±0.66点，失敗群は3.24点±0.61点であった。いずれの群にも採点"絶対にしていない"と回答した者はおらず，すべての参加者は実験操作を一定水準信用していた。また，呈示された採点の印象は，成功群では2.70点±1.14点で失敗群では−0.24点±2.04点と，点数の受け取り方が両群で有意に違っていた（$t(39) = 5.50, p < .01$）。以上から，本実験の操作が適切に行われていたものと考えられる。

課題後の反応の持続の検討

　認知的評価　　要求評価得点から資源評価得点を減算した得点の平均を表6に示した。Pre1では両群は同程度であったが，Postでは成功群の値が減少したのに対し失敗群では増加した。

　群(2)×期間(2)の分散分析を行ったところ，群の主効果が10%水準で認められ（$F(1, 40) = 3.33, p < .10$），交互作用も有意であった（$F(1, 40) = 10.26, p < .01$）。単純主効果の検定の結果，Postにおいて群の単純主効果が有意となり（$F(1, 80) = 10.77, p < .01$），成功群が失敗群よりも値が小さかった。また，成功群における期間の単純主効果が有意で（$F(1, 40) = 9.41, p < .01$），Pre1からPostにかけて値が減少していた。成功群は状況に対する脅威が減少した一方で，失敗群では脅威評価が持続しており，両群に異なる再評価が生じた。

　主観的感情体験　　一般感情尺度の各下位尺度の平均を表6に示した。成功群と失敗群は，Pre1まではすべての尺度ではほぼ同程度の値であったが，Postでは尺度ごとに群の違いがみられた。"肯定的感情"と"安静状態"は成功群が失敗群よりも高い値を示したのに対し，"否定的感情"はその逆であった。

第2節 再評価がネガティブ感情反応の持続と反復に及ぼす影響

表6 成功群と失敗群における心理指標の平均(標準誤差)の推移

指標	群	Rest	Pre1	Post	Pre2
認知的評価	成功群	—	1.00 (0.31)	0.00 (0.28)	0.57 (0.31)
(=要求−資源)	失敗群	—	0.90 (0.31)	1.38 (0.28)	1.10 (0.31)
肯定的感情	成功群	16.48 (0.89)	15.39 (1.02)	17.74 (1.09)	14.74 (1.07)
	失敗群	16.24 (0.93)	15.38 (1.06)	13.48 (1.14)	15.33 (1.12)
否定的感情	成功群	13.61 (0.72)	23.43 (1.01)	14.04 (1.15)	19.26 (1.19)
	失敗群	10.95 (0.75)	25.43 (1.05)	20.52 (1.21)	21.38 (1.24)
安静状態	成功群	24.39 (0.83)	13.91 (0.71)	21.43 (1.06)	15.00 (0.91)
	失敗群	25.71 (0.87)	12.81 (0.74)	15.52 (1.10)	12.81 (0.95)

各下位尺度の得点について,群(2)×期間(3)の分散分析を行った。"否定的感情"と"安静状態"において,群の主効果("否定的感情": $F(1, 42) = 3.55$, $p < .10$, "安静状態": $F(1, 42) = 4.38$, $p < .05$)と期間の主効果("否定的感情": $F(2, 84) = 106.56$, "安静状態": $F(2, 84) = 115.46$, $ps < .01$)が有意または有意傾向にあった。さらに,すべての尺度において有意な交互作用が認められたため("肯定的感情": $F(2, 84) = 6.64$, "否定的感情": $F(2, 84) = 14.91$, "安静状態": $F(2, 84) = 11.39$, $ps < .01$),各尺度について単純主効果の検定を行った。"肯定的感情"では,Post において群の単純主効果が有意となり ($F(1, 126) = 8.65$, $p < .05$),成功群が失敗群よりもポジティブ感情が高かった。また,両群ともに期間の単純主効果が有意となり (成功群: $F(2, 84) = 3.20$, 失敗群: $F(2, 84) = 4.64$, $ps < .01$),成功群は Pre1 よりも Post の値が高く,失敗群は Post の値が Rest よりも低かった。"否定的感情"では,Rest において群の単純主効果が有意傾向を示し ($F(1, 126) = 3.54$, $p < .10$),成功群の方が失敗群よりもやや高い値であった。Post においても群の単純主効果が有意となり ($F(1, 126) = 21.06$, $p < .01$),失敗群は成功群よりもネガティブ感情が高かった。また,両群に有意な期間の単純主効果が認められ (成功群: $F(2, 84) = 44.03$, 失敗群: $F(2, 84) = 77.44$, $ps < .01$),成功群は Pre1 が他の期間よりも高かった。失敗群は Rest で値が最も低く,次いで Post, Pre1 の順と,課題によって生じたネガティブ感情が課題後もベースライン水準まで下がらなかった。"安静状態"について,Post において群の単純主効果が有意となり ($F(1, 126) = 21.63$, $p < .01$),成功群の方が失敗群よりも高い値であった。期

間の単純主効果が両群に認められ（成功群: $F(2, 84) = 49.05$, 失敗群: $F(2, 84) = 77.80$, $ps < .01$）。どちらの群も Rest が最も高く，次いで Post, Pre1 の順であった。

心臓血管反応 1）課題期の反応性　各指標の推移を図5に示した。群(2)×期間(2)の分散分析の結果，期間の主効果が SBP では有意傾向を示し（$F(1, 30) = 2.89, p < .10$），HR では有意となった（$F(1, 30) = 6.26, p < .05$）。また，DBP は群の主効果が有意となり（$F(1, 30) = 9.45, p < .01$），実験操作前に群間差が認められたため，以下の分析から除外した。

2）課題後の心臓血管反応の持続　すべての指標において，成功群は失敗群よりも反応が低い水準にあった。各指標について，群(2)×期間(4)の分散分析を行った。SBP に期間の主効果が認められ（$F(3, 90) = 19.06, p < .01$），多重比較の結果，Post1 が他の期間よりも有意に値が高かった。HR も期間の主効果が有意で（$F(3, 90) = 12.47, p < .01$），Post1 が最も値が高く，Post2 と残りの期間にも差が認められた。また，SBP，TPR および HR において群の主効果が有意傾向を示した（SBP: $F(1, 30) = 3.69$, TPR: $F(1, 30) = 3.30$, HR: $F(1, 30) = 2.97, ps < .10$）。全般に，成功群が失敗群よりも心臓血管反応の回復が促進されていた。

課題反復時の反応喚起の検討

認知的評価　Pre1 と Pre2 について比較したところ，Pre1 では両群ともに同程度の値であったのに対し，Pre2 では状況に対する認知的評価に群の違いがみられた（表6）。

群(2)×期間(2)の分散分析の結果，交互作用が有意傾向であった（$F(1, 40) = 3.47, p < .10$）。単純主効果の検定の結果，成功群において期間の単純主効果が有意傾向となり（$F(1, 40) = 3.33, p < .10$），Pre1 から Pre2 にかけて状況に対する脅威を低く評価していた。

主観的感情体験　表6より，両群ともに Pre1 から Pre2 にかけてほぼ同様の変化を示した。群(2)×期間(2)の分散分析の結果，"否定的感情" において期間の主効果が有意となり（$F(1, 42) = 35.98, p < .01$），Pre2 の方が低い値であった。その他の主効果および交互作用はいずれの尺度も有意でなかった。

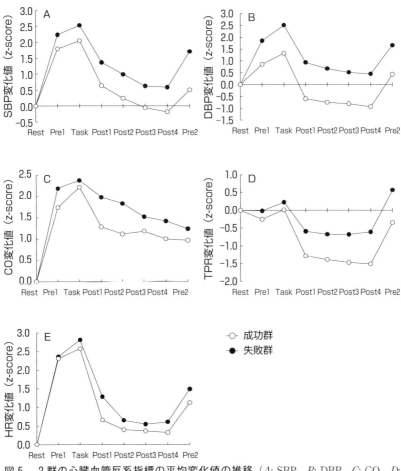

図5 2群の心臓血管反系指標の平均変化値の推移 (A: SBP, B: DBP, C: CO, D: TPR, E: HR)

心臓血管反応　図5より，Pre1とPre2において，HRとCOは両群にそれほど差がない一方で，SBPおよびTPRはPre2において，成功群が失敗群よりも低い反応を示した。

群(2)×期間(2)の分散分析の結果，HRとCOに有意な期間の主効果が認め

られ（HR: $F(1, 30) = 70.88$, CO: $F(1, 30) = 14.97$, ps $< .01$），Pre1 から Pre2 にかけて値が減少した。SBP は，期間の主効果（$F(1, 30) = 23.38$, $p < .01$）と群の主効果（$F(1, 30) = 7.53$, $p < .05$）が有意となり，交互作用も有意傾向を示した（$F(1, 30) = 4.06$, $p < .10$）。単純主効果の検定を行ったところ，Pre2 において群の単純主効果が有意となり（$F(1, 60) = 11.52$, $p < .01$），成功群が失敗群よりも反応が低かった。また，両群に期間の単純主効果が認められ（成功群: $F(1, 30) = 23.46$, $p < .01$，失敗群: $F(1, 30) = 3.98$, $p < .10$），どちらの群も Pre1 よりも Pre2 の方が低い反応であった。TPR は，成功群が Pre1 から Pre2 にかけてやや減少したのに対し失敗群は増加していたが，統計的には有意な変化ではなかった。

考　察

　実験4では，再評価が課題後の感情反応の持続および課題の反復体験時の反応喚起に及ぼす影響を検討した。成功群と失敗群は，実験操作を行うまでは類似の反応を示し，課題前に状況を脅威と評価しネガティブ感情が喚起された。安静期において"否定的感情"のみ両群に統計的な差がみられたものの，課題前には同程度であったことから実験操作には影響がなかったと考えられる。心臓血管反応も DBP を除く複数の指標で，実験3とほぼ類似した変化を示した。
　一方，実験操作を行った課題後の反応には，両群に異なる変化がみられた。成功群は，状況への脅威評価が減少したのに合わせて"否定的感情"がベースライン水準まで減少し，"肯定的感情"と"安静状態"が増加した。これに対し失敗群は，脅威評価が持続したままで"否定的感情"と"安静状態"の変化が成功群よりも小さく，"肯定的感情"も減少した。心臓血管反応も，SBP，HR，TPR に群間差が認められ，いずれの指標も成功群の方が失敗群より反応が低かった。これらの結果は，成功群が再評価に伴い感情反応が変化したのに対し，失敗群は喚起された反応が全般に持続気味であったことを表している。このことから，成功−失敗情報のフィードバックによって両群に異なる再評価が生じ，結果として感情反応にも差異が認められたと考えられる。特に成功群は，実験3の非脅威群の結果と類似しており，脅威評価の減少に伴いネガティブ感情が減少するだけでなくポジティブ感情も増加した。心臓血管反応の回復

第2節　再評価がネガティブ感情反応の持続と反復に及ぼす影響　91

も実験3と同様の機序が作用したものと考えられ，COには有意な群間差がみられなかったがTPRではその差が有意であったことから，血圧にみられた群の違いは主にTPRを介したものと解釈できる。これらはLazarus (1999a) が主張する再評価の機能を支持する結果であり，認知的評価の変容による効果が実験的に確認されたといえる。また，実験3と同様に生理的側面への影響が認められた点は，これまで唱えられていた再評価の感情制御機能に新たな知見を加えることになろう。

　本結果ではまた，1回目 (Pre1) と2回目 (Pre2) の準備期の比較から，課題反復時の感情反応の喚起にも再評価が影響を及ぼすことが確認された。上述のように，実験操作前のPre1では両群ともに同程度の脅威評価であったが，Pre2では成功群のみ値が減少した。心臓血管反応も，Pre1からPre2にかけて成功群は失敗群よりもSBPが減少しており，課題遂行に伴う生理反応の過剰亢進が再評価を通じて抑制されたと考えられる。また，両群のSBPの差をもたらした血行動態に注目すると，統計的に有意でなかったもののTPRの影響が強く現れた可能性が高い。先行研究では，課題反復時の心臓血管反応は，HRなどの心臓側の反応は弱くなるが，TPRなど血管側の反応は維持されることが見出されている (al'Absi et al., 1997; Kelsey et al., 1999, 2004)。心臓活動の減弱は，課題の反復に伴う生理的馴化と考えられているが，TPRにはそうした馴化は生じないといわれている。本結果も同様に，両群ともにHRとCOがPre1からPre2にかけて大きく減少していたが，TPRには両群に共通した変化が認められなかった。成功群はTPRが減少したのに対し，失敗群は値が増加しており，この反応分化が血圧の群間差に少なからず影響したものと思われる。再評価を実際に操作して課題反復時の反応への影響を検討した報告はこれまでなく，両者の関連性は不明瞭であったが (Kelsey, Blascovich, Leitten, Schneider, Tomaka, & Wiens, 2000)，本実験により，同様の出来事に繰り返し曝露される場合でも，意味づけの変容を通じて反応が制御されることが確認された。ただし，脅威評価の変化にも関わらず主観的体験に変化が認められなかった点は予想外であった。SBPに作用したことから何らかの変化が中枢に生じていたと考えられるが，心理指標ではとらえられないような感情的側面や (Lazarus, 1999a)，自己効力感などの動機づけに関わるような他の心理的要因

に影響した可能性も視野に入れるべきかもしれない。

　本実験によって，再評価が感情の持続に加え，課題反復時の反応にも影響することが認められた。ネガティブ感情の持続の慢性化は，将来の疾患発症のリスクとなりうるものの，認知的評価の変容を介した感情制御が，そうしたリスクを和らげる可能性が示されたといえよう。

第7章

総合論議

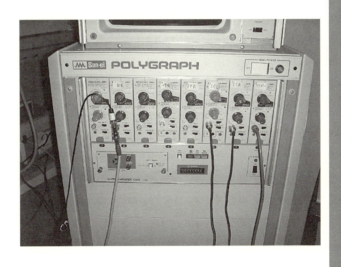

第1節　認知的評価の感情制御機能

　第3章から第6章では，4つの実験を通じて得られた認知的評価の感情制御機能に関する成果を示した。実験1では，認知的評価を実験的に操作して，ネガティブ感情の喚起に及ぼす影響を検討した。実験2では，実験参加者の言語報告に基づいて，挑戦評価と脅威評価がネガティブ感情の喚起と持続にどのような差異をもたらすのか調べた。実験3では，実験的に引き起こした認知的評価の変容（再評価）がネガティブ感情の持続に及ぼす影響を，実験4では，持続に加えて課題反復時の反応喚起に及ぼす影響を，それぞれ検討した。実験1と実験2を通じて，認知的評価には主観的なネガティブ感情体験を軽減し，血圧を中心とする心臓血管反応の過剰亢進を抑制する機能が備わることが示された。また，実験3および実験4を通じて，再評価がネガティブ感情反応の持続を断ち切り心臓血管反応の回復を促進することが観察された。再評価の感情制御機能は，従来から指摘されてきたものの実証的な検討が行われてこなかった。本研究によってその機能が示されたとともに，生体にどのように作用するのか詳細なデータが得られたといえよう。

　本研究を通じて新たに認められた再評価の感情制御機能として，以下の2つが主な特徴として挙げられる。1つ目は主観的感情体験に関するもので，再評価に伴い課題後のネガティブ感情が緩和され，さらにポジティブ感情の増加が認められた。用いた心理指標の構造や測定タイミングから，どのような質的変化が生じたのか詳細は検討できていないものの，ポジティブ感情を高めるような何らかの意味づけが生じたものと思われる。たとえば，Lazarus（1991）は，自己の目標と合致しない苦痛な状況がよい方向へと変化するまたは消失すると評価することで，安堵感が生じると論じている。また，門地・鈴木（2000）によると，ネガティブ感情喚起事態からの解放に伴い安堵感が生じるといわれる。これらの研究を参照すれば，課題後の実験操作に伴い，安堵感が生じるような意味づけがなされた可能性が考えられる。ただし，本研究（実験3および実験4）では，安堵感のような低活性次元のポジティブ感情とは別の，高活性次元

のポジティブ感情の増加も認められていることから，いわばポジティブ感情全体が再評価に伴い高まったものと思われる。ネガティブ感情の解消を目的とするような再評価は，それに伴いポジティブ感情を高める機能を有することが観察された。

2つ目は生理反応に関するもので，再評価は血管活動を介して血圧の回復を促進し，課題の反復体験に伴う過剰亢進を抑制する機能を有することが認められた。同様の機序は実験2の課題中の反応においても観察されており，本研究では一貫して認知的評価がTPRを介して血圧の回復を促進することが見出された。この点は，再評価の感情制御機能が循環系疾患などの発症に寄与する可能性を示唆する結果であり，従来の認知的評価理論を大きく拡張しうる成果といえる。末梢血管活動の慢性的な亢進は，心臓肥大や血管肥厚などの変化を経て高血圧や心疾患発症に至る危険性が高いとされているが（Schwartz et al., 2003；田中，2001），そうしたリスクを低減する機能が認知的評価には存在するものと思われる。

以上，本研究で得られた主観的体験および生理反応の知見を統合すると，再評価に伴うネガティブ感情の減少およびポジティブ感情の増加が，血管活動を介して血圧の過剰なはたらきを抑制するものと思われる。ポジティブ感情と身体疾患との関連性を示唆する報告もみられるなか（Cohen & Pressman, 2006; Ostir, Berges, Markides, & Ottenbacher, 2006; Steptoe, Wardle, & Marmot, 2005），再評価に伴う感情体験の変化はそうした関連性の媒介因の1つとしても作用するものと思われる。本実験結果から，再評価が身体疾患に恩恵をもたらす可能性が示唆されたといえよう。ただし，実験室での結果を実生活に当てはめることには一定の限界が存在する。実験室と日常場面との対応については，複数日に渡る実験を行う他（e.g., 敦賀・鈴木，2007），アンビュラトリ計測を利用するなど別の視点からの検討も必要と思われる（Bongard & al'Absi, 2005; Gerin, Davidson, Christenfeld, Goyal, & Schwartz, 2006）。

第2節　制御機能のさらなる解明に向けて

Gross（2002）は，認知的評価の感情制御機能を検討する上で，自律神経系と

は別の系をとらえる必要性を指摘している。心理的要因と内分泌系（Dickerson & Kemeny, 2004）や免疫系（Segerstrom & Miller, 2004）との関連性は，最近の精神神経内分泌免疫学研究の発展の下で知見が蓄えられつつある。中枢神経系および自律神経系の支配を受けるこれらの系への影響を検討することで，健康に果たす感情制御の役割をより詳細に理解することにつながるものと思われる。Gross（2002）はまた，認知的評価が行われる際の中枢活動を取り上げる必要性にも触れている。脳イメージング研究の成果によれば，脳の特定の部位がLazarusとFolkman（1984）やGross（1998a）が提唱する認知的評価の中心的役割を担うという。たとえば，一次評価は扁桃体が，二次評価は前頭眼窩野内側部が，再評価は前頭前野がそれぞれ中心となる脳部位である可能性が論じられている（Ochsner, Bunde, Gross, & Gabrieli, 2002）。中枢活動に焦点を当てた研究は，感情制御機能の生物学的基盤の獲得につながるだけでなく，認知と感情の関係に関する基礎的問題を検討するうえでも有用な手段となりうる。しかしながら，こうした中枢研究と本研究のような末梢研究の知見を統合するには，解決すべき問題がいくつも存在する。たとえば，両者には，標的とする生理指標の反応特性に違いがある他，刺激や手続きなどの実験手法にもそれぞれ異なる制限が存在する。たとえば，中枢活動に焦点を当てた研究では，末梢活動に焦点を当てた研究に比べより短時間の反応を扱うこととなる。データの採取や分析の手法を駆使することで両者の成果を接近させることは可能であるものの，取り扱う現象の強度あるいは質が末梢研究のそれとは異なる可能性がある。多岐にわたって積み重ねられた認知的評価の感情制御機能に関する知見の統合は，魅力に満ちた作業ではあるものの，その実現は困難を極めるものと思われる。

　認知的評価はまた，身体的な疾患だけでなく，精神疾患にも影響を及ぼす可能性がある。ネガティブ感情の制御不全は感情障害と密接な関わりを示し，両者の関係について古くから多くの関心が寄せられてきた（Gross & Thompson, 2007）。認知的評価理論は，感情障害の理解や説明に一定の役割を担うと考えられており（Cornelius, 1996; Monroe & Kelley, 1995; Ochsner & Gross, 2007; Roseman & Kaiser, 2001; Watts, 1992），再評価を重視した治療も考案されている（Campbell-Sills & Barlow, 2007）。一方，積極的な再評価を患者に課すこと

を問題視する見方もある（Langer, 2002）。再評価が感情障害にどのような役割を果たすのか，実験室での基礎研究と臨床場面での実践を重ねながら説明モデルを精緻化していく段階にある（Gross, 1998b; Gross & Muñoz, 1995）。

本研究では，心身の健康という観点から認知的評価の感情制御機能に焦点を当てていたが，感情制御は健康のみならず，日常のさまざまな行動と関連性する可能性が指摘されている（Gross & Thompson, 2007; Koole, 2009）。たとえば，報酬への意味づけを操作することで，その後の選択行動に影響を及ぼすことが認められている（Mischel & Ayduk, 2004）。他にも，制御研究の文脈とは異なるものの，音声（Johnstone, Van Reekum, & Scherer, 2001）や表情（Kaiser & Wehrle, 2001）などの表出行動との関係も検討されている。顕在行動に関する研究を進めることは，認知的評価の制御機能の理解を深めるうえで重要と思われる（Hemenover & Dienstbier, 1996）。また，感情の制御不全に伴う個人の失調が不適切な社会行動に発展する可能性があることから（Gross & Muñoz, 1995），再評価を含む感情制御と日常行動との関連性に焦点を当てた研究の実施が望まれる。

第3節　結　び

本書が取り上げた認知的評価の感情制御機能は，かつてLazarus（1966）がストレスの対処行動に備わる機能とみなしていたものに相当する。Lazarus（1993）はその後，個人の環境への適応を検討するうえで，ストレスという用語以上の有用性を感情という概念に見出し，自身の研究を転換していく。認知的評価に関する研究はこうした背景もあり，感情研究の領域で理論的進展や制御機能についての検討が重ねられていくこととなる。他方，ストレス研究の文脈において対処行動に関する研究も脈々と進められ，健康と関連する精神生理学的知見も蓄積されてきた。本書の成果は，これらを統合し発展する形で得られたものといえよう。

こうした流れから窺えるのは，かつて感情という概念にまとわりついていた非科学的な印象はもはや完全に払拭され，感情が，個人と環境との相互作用を説明するための最も魅力ある概念の1つとみなされている点であろう。

Mayne（1999）は，ストレス研究における認知的要因への関心が，特に健康に関連した感情の役割の重要性を再認識させたと論じている。また Koole（2009）は，さまざまな認知行動的な機能を感情制御の枠組みにおいて統合することが，研究の進展あるいは知見を実生活に活用していくうえで建設的であるとしている。これらの指摘は，近年のストレスから感情へと制御研究のパラダイムシフトが生じつつある現状を端的に象徴していると思われる。しかしながら，感情の喚起や分化，また制御に関する認知的評価の機能について，いまだ未解決な問題も多分に存在する。たとえば，最も根本的ともいえる認知と感情の関係に関する議論でさえいまなお絶えないことからも（Eder, Hommel, & Houwer, 2007），さらなる研究の必要性はいうまでもない。

　われわれは，感情という窓から人間を眺め，環境との相互作用についての理解を深めようと試みている。そして，認知的評価にみられる感情制御機能の検討を通じて，われわれが日常の感情をより味わい深いものとして体験するための知見を得ようと試みている（Koole, 2009）。これらの永続的な試みに対し，本書がその礎の一となれば幸甚の極みである。

引用文献

al'Absi, M., Bongard, S., Buchanan, T., Pincomb, G. A., Licinio, J., & Lovallo, W. (1997). Cardiovascular and neuroendocrine adjustment to public speaking and mental arithmetic stressors. *Psychophysiology*, **34**, 266-275.

Allen, M. T., & Crowell, M. D. (1989). Patterns of autonomic response during laboratory stressors. *Psychophysiology*, **26**, 603-614.

Allen, M. T., Obrist, P. A., Sherwood, A., & Crowell, M. D. (1987). Evaluation of myocardial and peripheral vascular responses during reaction time, mental arithmetic, and cold pressor tasks. *Psychophysiology*, **24**, 648-656.

Allen, M. T., Sherwood, A., & Obrist, P. A. (1986). Interaction of respiratory and cardiovascular adjustments to behavioral stressors. *Psychophysiology*, **23**, 532-540.

Appley, M. H., & Trumbull, R. (1967). On the concept of psychological stress. In M. H. Appley, & R. Trumbull (Eds.), *Psychological stress: Issues in research*. New York: Appleton-Century-Crofts. pp. 1-13.

Arnold, M. B. (1960). *Emotion and personality*. Vol. 1. *Psychological aspects*. New York: Columbia University Press.

Auerbach, S. M. (1992). Temporal factors in stress and coping: Intervention implications. In B. N. Carpenter (Ed.), *Personal coping: Theory, research, and application*. Westport, CT: Praeger. pp. 133-147.

Bandura, A. (1977). Self-efficacy: Towards a unifying theory of behavior change. *Psychological Review*, **84**, 191-215.

Beck, A. T. (1976). *Cognitive therapy and emotional disorders*. New York: International Universities Press.

Blascovich, J., & Katkin, E. S., (1993). Cardiovascular reactivity to psychological stress and disease: Conclusion. In J. Blascovich, & E. S. Katkin (Eds.), *Cardiovascular reactivity to psychological stress and disease*. Washington, DC: American Psychological Association. pp. 225-238.

Blascovich, J., & Mendes, W. B. (2000). Challenge and threat appraisals. In J. P. Forgas (Ed.), *Feeling and thinking: The role of affect in social cognition*. New York: Cambridge University Press. pp. 59-82.

Blascovich, J., Mendes, W. B., Hunter, S. B., Lickel, B., & Kowai-Bell, N. (2001). Perceiver threat in social interactions with stigmatized others. *Journal of Personality and Social Psychology*, **80**, 253-267.

Blascovich, J., Mendes, W. B., Tomaka, J., Salomon, K., & Seery, M. (2003). The robust nature of the biopsychosocial model challenge and threat: A reply to Wright and Kirby. *Personality and Social Psychology Review*, **7**, 234-243.

Bongard, S., & al' Absi, M. (2005). Domain-specific anger expression and blood pressure in an occupational setting. *Journal of Psychosomatic Research*, **58**, 43-49.

Bowlby, J. (1969). *Attachment and loss: Attachment.* New York: Basic Books.

Brownly, K. A., Hurwitz, B. E., & Schneiderman, N. (2000). Cardiovascular psychophysiology. In J. T. Caccioppo, L. G. Tassinary, & G. G. Berntson (Eds.), *Handbook of psychophysiology*. New York: Cambridge University Press. pp. 224-264.

Cacioppo, J. T. (2002). Introduction: Emotion and health. In R. J. Davidson, K. R. Scherer, & H. H. Goldsmith (Eds.), *Handbook of affective science*. London: Oxford University Press. pp. 1047-1052.

Cacioppo, J. T., Klein, D. J., Berntson, G. G., & Hatfield, E. (1993). The psychophysiology of emotion. In M. Lewis & J. M. Haviland (Eds.), *Handbook of Emotion*. New York: The Guilford Press. pp. 119-142.

Campbell-Sills, L., & Barlow, D. H. (2007). Incorporating emotion regulation into conceptualizations and treatments of anxiety and mood disorders. In Gross, J. J. (Ed.), *Handbook of emotion regulation*. New York: The Guilford Press. pp. 542-559.

Campos, J. J., Barrett, K. C., Lamb, M. E., Goldsmith, H. H., & Stenberg, C. (1983). Socioemotional development. In M. Haith, & J. J. Campos (Eds.), *Handbook of child psychology*. New York: John Wiley & Sons. pp. 783-915.

Cannon, W. B. (1914). The interrelations of emotions as suggested by recent physiological researchers. *American Journal of Psychology*, **25**, 252-282.

Cannon, W. B. (1927). The James-Lange theory of emotions: A critical examination and an alternative theory. *American Journal of Psychology*, **39**, 106-124.

Cannon, W. B. (1931). Again the James-Lange and the thalamic theories of emotions. *Psychological Review*, **38**, 281-295.

Christenfeld, N., Glynn, L. M., Kulik, J. A., & Gerin, W. (1998). The social construction of cardiovascular reactivity. *Annals of Behavioral Medicine*, **20**, 317-324.

Cohen, S., & Rodriguez, M. S. (1995). Pathways linking affective disturbances and physical disorders. *Health Psychology*, **14**, 374-380.

Cohen, S., & Pressman, S. D. (2006). Positive affect and health. *Current Directions in Psychological Science*, 15, 122-125.

Cooper, C. L., & Dewe, P. (2004). *Stress: A brief history*. Oxford, UK: Blackwell. (クーパー, C. L., & デューイ, P. 大塚泰正・岩崎健二・高橋　修・京谷美奈子・鈴木綾子(訳)(2006). ストレスの心理学―その歴史と展望―　北大路書房)

Cornelius, R. R. (1996). *The science of emotion: Research and tradition in the psychology of emotion*. Upper Saddle River, NJ: Prentice Hall. (コーネリアス, R. R. 齊藤　勇(監訳)(1999). 感情の科学―心理学は感情をどこまで理解できたか―　誠信書房)

Dandoy, A. C., & Goldstein, A. G. (1990). The use of cognitive appraisal to reduce stress reactons: A replication. *Journal of Social Behavior and Personality*, 5, 275-285.

Darrow, C. W. (1929). Differences in the physiological reactions to sensory and ideational stimuli. *Psychological Bulletin*, 26, 185-201.

Darwin, C. (1872/1965). *The expression of the emotions in the man and animals*. Chicago, IL: University of Chicago Press.

Davidson, R. J., & Cacioppo, J. T. (1992). New developments in the scientific study of emotion: An introduction to the special section. *Psychological Science*, 3, 21-22.

de Rivera, J. (1977). A structural theory of the emotions, Monograph 40. *Psychological Issues*, 10, 9-169.

Deutsh, F. (1986). Calling a freeze on "stress wars": There is hope for adaptational outcomes. *American Psychologist*, 41, 713.

Dickerson, S. S., & Kemeny, M. E. (2004). Acute stressors and cortisol responses: A theoretical integration and synthesis of laboratory research. *Psychological Bulletin*, 130, 355-391.

Earle, T. L., Linden, W., & Weinberg, J. (1999). Differential effects of harassment on cardiovascular and salivary cortisol stress reactivity and recovery in women and men. *Journal of Psychosomatic Research*, 46, 125-141.

Eder, A. B., Hommel, B., & Houwer, J. D. (2007). How distinctive is affective processing? On the implications of using cognitive paradigms to study affect and emotion. *Cognition and Emotion*, 21, 1137-1154.

遠藤利彦 (1996). 喜怒哀楽の起源　岩波書店

Folkman, S., & Lazarus, R. S. (1985). If it changes it must be a process: Study of emotion and coping during three stages of a college examination. *Journal of Personality and Social Psychology*, 48, 150-170.

Folkman, S., & Moskowitz, J. T. (2000a). Positive affect and the other side of coping.

American Psychologist, 55, 647-654.
Folkman, S., & Moskowitz, J. T. (2000b). Stress, positive emotion, and coping. *Current Directions in Psychological Science*, 9, 115-118.
Fredrickson, B. L., & Levenson, R. W. (1998). Positive emotions speed recovery from the cardiovascular sequelae of negative emotions. *Cognition and Emotion*, 12, 191-220.
Fredrickson, B. L., Mancuso, R. A., Branigan, C., & Tugade, M. M. (2000). The undoing effect of positive emotions. *Motivation and Emotion*, 24, 237-258.
Freeman, G. L. (1939). Toward a psychiatric plimsoll mark: Physiological recovery quotients in experimentally induced frustration. *Journal of Psychology*, 8, 247-252.
Freud, S. (1936). Inhibitions, symptoms, anxiety. *Psychoanalytic Quarterly*, 5, 415-443.
Frijda, N. H. (1986). *The emotions*. New York: Cambridge University Press.
Frijda, N. H. (1988). The laws of emotions. *American Psychologist*, 43, 349-358.
Frijda, N. H. (1993a). Appraisal and beyond. *Cognition and Emotion*, 7, 225-231.
Frijda, N. H. (1993b). The place of appraisal in emotion. *Cognition and Emotion*, 7, 357-387.
Gaensbauer, T. J. (1982). Regulation of emotional expression in infants from two contrasting caretaking environments. *Journal of the American Academy of Child Psychiatry*, 21, 163-170.
Gerin, W., Bovbjerg, D. H., Glynn, L., Davidson, K., Sanders, M., Sheffield, D., & Christenfeld, N. (1999). Comment on "negative emotions and acute cardiovascular responses to laboratory challenges". *Annals of Behavioral Medicine*, 21, 223-224.
Gerin, W., Davidson, K. W., Christenfeld, N. J. S., Goyal, T., & Schwartz, J. E. (2006). The role of angry rumination and distraction in blood pressure recovery from emotional arousal. *Psychosomatic Medicine*, 68, 64-72.
Gerin, W., Davidson, K. W., Schwartz, A. R., & Christenfeld, N. (2002). The role of emotional regulation in the development of hypertension. *International Congress Series*, 1241, 91-97.
Gerin, W., Pickering, T. G., Glynn, L., Christenfeld, N., Schwartz, A., Carroll, D., & Davidson, K. (2000). An historical context for behavioral models of hypertension. *Journal of Psychosomatic Research*, 48, 369-377.
Glass, D. C., & Singer, J. E. (1972). *Urban stress: Experiments on noise and social stressors*. New York: Academic Press.
Glynn, L. M., Christenfeld, N., & Gerin, W. (2002). The role of rumination in recovery

from reactivity: Cardiovascular consequences of emotional states. *Psychosomatic Medicine*, **64**, 714-726.

Grinker, R. R., & Spiegel, J. P. (1945). *Men under stress.* New York: Blakiston.

Gross, J. J. (1998a). Antecedent- and response-focused emotion regulation: Divergent consequences for experience, expression, and physiology. *Journal of Personality and Social Psychology*, **74**, 224-237.

Gross, J. J. (1998b). The emerging field of emotion regulation: An integrative review. *Review of General Psychology*, **2**, 271-299.

Gross, J. J. (1999). Emotion regulation: Past, present, future. *Cognition and Emotion*, **13**, 551-573.

Gross, J. J. (2002). Emotion regulation: Affective, cognitive, and social consequences. *Psychophysiology*, **39**, 281-291.

Gross, J. J. (Ed.) (2007). *Handbook of emotion regulation.* New York: The Guilford Press.

Gross, J. J., & Levenson, R. W. (1993). Emotional suppression: Physiology, self-report, and expressive behavior. *Journal of Personality and Social Psychology*, **64**, 970-986.

Gross, J. J., & Levenson, R. W. (1995). Emotion elicitation using films. *Cognition and Emotion*, **9**, 87-108.

Gross, J. J., & Levenson, R. W. (1997). Hiding feelings: The acute effects of inhibiting negative and positive emotion. *Journal of Abnormal Psychology*, **106**, 95-103.

Gross, J. J., & Muñoz, R. F. (1995). Emotion regulation and mental health. *Clinical Psychology: Science and Practice*, **2**, 151-164.

Gross, J. J., & Thompson, R. A. (2007). Emotion regulation: Conceptual foundation. In J. J. Gross. (Ed.), *Handbook of emotion regulation.* New York: The Guilford Press. pp. 3-24.

濱　治世・鈴木直人・濱　保久(2001)．感情心理学への招待―感情・情緒へのアプローチ―　サイエンス社

Hartley, T. R., Ginsburg, G. P., & Heffner, K. (1999). Self presentation and cardiovascular reactivity. *International Journal of Psychophysiology*, **32**, 75-88.

Hassett, J. (1978). *A primer of psychophysiology.* New York: W. H. Freeman.（ハセット，J. 平井　久・児玉昌久・山中祥男（編訳）(1987)．精神生理学入門　東京大学出版会）

Haynes, S. N., Gannon, L. R., Orimoto, L., O'Brien, W. H., & Brandt, M. (1991). Psychophysiological assessment of poststress recovery. *Psychological Assessment*, **3**, 356-365.

Hemenover, S. H., & Dienstbier, R. A. (1996). The effects on appraisal manipulations: Affect, intrusive cognitions, and performance for two cognitive tasks. *Motivation and Emotion*, 20, 319-340.

Herrald, M. M., & Tomaka, J. (2002). Patterns of emotion-specific appraisal, coping, and cardiovascular reactivity during an ongoing emotional episode. *Journal of Personality and Social Psychology*, 83, 434-450.

Hilton, S. M. (1975). Ways of viewing the central nervous control of the circulation: Old and new. *Brain Research*, 87, 213-219.

Hinds. H., & Burroughs, W. J. (1997). How you know when you're stressed: Self-evaluations of stress. *The Journal of General Psychology*, 124, 105-111.

Houston, B. K. (1992). Personality characteristics, reactivity, and cardiovascular disease. In J. R. Turner, A. Sherwood, & K. Light (Eds.), *Individual differences in cardiovascular response to stress*. New York: Plenum. pp. 103-123.

Houston, B. K., & Holms, D. S. (1974). Effect of avoidant thinking and reappraisal for coping with threat involving temporal uncertainty. *Journal of Personality and Social Psychology*, 30 382-388.

伊藤 拓・上里一郎 (2002). ネガティブな反すうとうつ状態の関連性についての予測的研究 カウンセリング研究, 35, 40-46.

Izard, C. E. (1990). Facial expression and the regulation of emotions. *Journal of Personality and Social Psychology*, 58, 487-498.

Izard, C. E. (1993). Four systems of emotion activation: Cognitive and noncognitive processes. *Psychological Review*, 100, 68-90.

井澤修平・平田 麗・児玉昌久 (2007). 敵意性が唾液中コルチゾールに及ぼす影響 心理学研究, 78, 277-283.

Jackson, D. C., Malmstadt, J. R., Larson, C. L., & Davidson, R. J. (2000). Suppression and enhancement of emotional responses to unpleasant pictures. *Psychophysiology*, 37, 515-522.

James, W. (1884). What is an emotion? *Mind*, 19, 188-205.

Janis, I. L. (1958). *Psychological stress*. New York: John Wiley & Sons.

Jennings, J. R., & van der Molen, M. W. (2002). Cardiac timing and the central regulation of action. *Psychological Research*, 66, 337-349.

城 佳子・児玉昌久 (2001). 覚醒と快感情の立方体モデルに基づく気分尺度作成の試み 日本健康心理学会第14回大会発表論文集, 222-223.

Johnstone, T., Van Reekum, C. M., & Scherer, K. R. (2001). Vocal expression correlates of appraisal processes. In K. R. Scherer, A. Schorr, & T. Johnstone (Eds.), *Appraisal processes in emotion: Theory, methods, research*. New York: Oxford

University Press. pp. 271-284.
Julius, S. (1988). The blood pressure seeking properties of the central nervous system. *Journal of Hypertension*, **6**, 177-185.
Kaiser, S., & Wehrle, T. (2001). Facial expression as indicators of appraisal processes. In K. R. Scherer, A. Schorr, & T. Johnstone (Eds.), *Appraisal processes in emotion: Theory, methods, research*. New York: Oxford University Press. pp. 285-300.
Kamark, T. W., & Lovallo, W. R. (2003). Cardiovascular reactivity to psychological challenge: Conceptual and measurement considerations. *Psychosomatic Medicine*, **65**, 9-21.
加藤和生(1998). 認知と情動のからみ―「認知が先」か「情動が先」か― 丸野俊一(編)認知心理学における論争 ナカニシヤ出版 pp.55-82.
Kaplan, J. R., Manuck, S. B., Williams, J. K., & Strawn, W. (1993). Psychosocial influences on atherosclerosis: Evidence for effects and mechanisms in nonhuman primates. In J. Blascovich, & E. S. Katkin (Eds.), *Cardiovascular reactivity to psychological stress and disease*. Washington, DC: American Psychological Association. pp. 3-26.
唐沢かおり(1996). 認知的感情理論 土田昭司・竹村和久(編)対人行動学研究シリーズ4 感情と行動・認知・生理―感情の社会心理学― 誠信書房 pp. 55-78.
Kelsey, R. M., Blascovich, J., Leitten, C. L., Schneider, T. R., Tomaka, J., & Wiens, S. (2000). Cardiovascular reactivity and adaptation to recurrent psychological stress: The moderating effects of evaluative observation. *Psychophysiology*, **37**, 748-756.
Kelsey, R. M., Blascovich, J., Tomaka, J., Leitten, C. L., Schneider, T. R., & Wiens, S. (1999). Cardiovascular reactivity and adaptation to recurrent psychological stress: Effects of prior task exposure. *Psychophysiology*, **36**, 818-831.
Kelsey, R. M., Reiff, S., Wiens, S., Schneider, T. R., Mezzacappa, E. S., & Guethlein, W. (1998). The ensemble-averaged impedance cardiogram: An evaluation of scoring methods and interrater reliability. *Psychophysiology*, **35**, 337-340.
Kelsey, R. M., Soderlund, K., & Arthur, C. M. (2004). Cardiovascular reactivity and adaptation to recurrent psychological stress: Replication and extension. *Psychophysiology*, **41**, 924-934.
Keltner, D., & Gross, J. J. (1999). Functional accounts of emotions. *Cognition and Emotion*, **13**, 467-480.
Kleinginna, P. R. Jr., & Kleinginna, A. M. (1985). Cognition and affect: A reply to Lazarus and Zajonc. *American Psychologist*, **40**, 470-471.
Kluger, A. N., Lewinsohn, S., & Aiello, J. R. (1994). The influence of feedback on mood:

Linear effects on pleasantness and curvilinear effects on arousal. *Organizational Behavior and Human Decision Processes*, 60, 276-299.

児玉昌久(1988). ストレスマネジメント—その概念と Orientation— ヒューマンサイエンス(早稲田大学人間総合研究センター), 1, 14-26.

Koole, S. L. (2009). The psychology of emotion regulation: An integrative review. *Cognition and Emotion*, 23, 4-41.

小杉正太郎(2002). ストレス研究の幕開け 小杉正太郎(編)ストレス心理学 川島書店 pp. 5-29.

Kubzansky, L. D., & Kawachi, I. (2000). Going to the heart of the matter: Do negative emotions cause coronary heart disease? *Journal of Psychosomatic Research*, 48, 323-337.

Lacey, B. C., & Lacey, J. I. (1974). Studies of heart rate and other bodily process in sensorimotor behavior. In P. A. Obrist, A. H. Black, J. Brener, & L. V. Dicara (Eds.), *Cardiovascular psychophysiology*. Chicago, IL : Aldine. pp. 538-564.

Lacey, J. I. (1967). Somatic response patterning and stress: Some revisions of activation theory. In M. H. Appley, & R. Trumbull (Eds.), *Psychological stress: Issues in research*. New York: Appleton-Century-Crofts. pp. 14-42.

Lacey, J. I., Kagan, J. Lacey, B. C., & Moss, H. (1963). The visceral level: Situational determinants and behavioral correlates of autonomic response patters. In P. Knapp (Ed.), *Expression of the emotions in man*. New York: International Universities Press. pp. 161-197.

Lai, J. Y., & Linden, W. (1992). Gender, anger expression style, and opportunity for anger release determine cardiovascular reaction and recovery from anger provocation. *Psychosomatic Medicine*, 54, 297-310.

Laird, J. D., & Strout, S. (2007). Emotional behaviors as emotional stimuli. In J. A. Coan, & J. J. B. Allen (Eds.), *Handbook of emotion elicitation and assessment*. New York: Oxford University Press. pp. 54-64.

Lange, C. G. (1885/1992). The emotions: A psychophysiological study. In C. G. Lange, & W. James (Eds.), *The emotions*. Baltimore, MD: Williams and Wilkins. pp. 33-90.

Langer, E. (2002). Well-being: Mindfulness versus positive evaluation. In R. J. Davidson, K. R. Scherer, & H. H. Goldsmith (Eds.), *Handbook of affective science*. London: Oxford University Press. pp. 214-230.

Lazarus, R. S. (1964). A laboratory approach to the dynamics of psychological stress. *American Psychologist*, 19, 400-411.

Lazarus, R. S. (1966). *Psychological stress and the coping process*. New York: McGraw

Hill.
Lazarus, R. S. (1981). A cognitivist's reply to Zajonc on emotion and cognition. *American Psychologist*, 36, 222-223.
Lazarus, R. S. (1982). Thoughts on the relation between emotion and cognition. *American Psychologist*, 37, 1019-1024.
Lazarus, R. S. (1984). On the primacy of cognition. *American Psychologist*, 39, 124-129.
Lazarus, R. S. (1991). *Emotion and adaptation*. New York: Oxford University Press.
Lazarus, R. S. (1993). From psychological stress to the emotions: A history of changing outlooks. *Annual Review of Psychology*, 44, 1-21.
Lazarus, R. S. (1999a). *Stress and emotion: A new synthesis*. New York: Springer.
Lazarus, R. S. (1999b). The cognition-emotion debate: A bit of history. In T. Delgleish & M. Power (Eds.), *Handbook of cognition and emotion*. Chichester, UK: John Wiley & Sons. pp. 3-19.
Lazarus, R. S., & Alfert, E. (1964). Short-circuiting of threat by experimentally altering cognitive appraisal. *Journal of Abnormal and Social Psychology*, 69, 195-205.
Lazarus, R. S., & Baker, R. W. (1956). Personality and psychological stress: A theoretical and methodological framework. *Psychological Newsletter*, 8, 21-32.
Lazarus, R. S., & Folkman, S. (1984). *Stress, appraisal, and coping*. New York: Springer.（ラザラス，R. S., & フォルクマン，S. 本明　寛・春木　豊・織田正美（監訳）(1991)．ストレスの心理学―認知的評価と対処の研究―　実務教育出版）
Lazarus, R. S., Opton, E. M. Jr., Nomikos, M. S., & Rankin, N. O. (1965). The principle of short-circuiting of threat: Further evidence. *Journal of Personality*, 33, 622-635.
Lazarus, R. S., & Smith, C. A. (1988). Knowledge and appraisal in the cognition-emotion relationship. *Cognition and Emotion*, 2, 281-300.
Lazarus, R. S., Speisman, J. C., Mordkoff, A., & Davison, L. (1962). General and applied: A laboratory study of psychological stress produced by a motion picture film. *Psychological Monographs*, 76.
Lazarus, R. S., Tomita, M., Opton, E. M. Jr., & Kodama, M. (1966). A cross-cultural study of stress-reaction pattern in Japan. *Journal of Personality and Social Psychology*, 4, 622-633.
Levenson, R. W. (1994). Human emotion: A functional view. In P. Ekman, & R. Davidson (Eds.), *The nature of emotion: Fundamental questions*. New York: Oxford University Press. pp. 123-126.
Levenson, R. W. (1999). The intrapersonal function of emotion. *Cognition and*

Emotion, 13, 481-504.
Leventhal, H., & Scherer, K. R. (1987). The relationship of emotion to cognition: A functional approach to a semantic controversy. *Cognition and Emotion, 1,* 3-28.
Linden, W., Earle, T. L., Gerin, W., & Christenfeld, N. (1997). Physiological stress reactivity and recovery: Conceptual siblings separated at birth? *Journal of Psychosomatic Research, 42,* 117-135.
Linden, W., Gerin, W., & Davidson, K. (2003). Cardiovascular reactivity: Status quo and research agenda for the new millennium. *Psychosomatic Medicine, 65,* 5-8.
Linden, W., Rutledge, T., & Con, A. (1998). A case for the usefulness of laboratory social stressors. *Annals of Behavioral Medicine, 20,* 310-316.
Lyons, W. (1999). The philosophy of cognition and emotion. In T. Delgleish & M. Power (Eds.), *Handbook of cognition and emotion.* Chichester, UK: John Wiley & Sons. pp. 21-44.
Maier, K. J., Waldstein, S. R., & Synowski, S. J. (2003). Relation of cognitive appraisal to cardiovascular reactivity, affect, and task engagement. *Annals of Behavioral Medicine, 26,* 32-41.
Manstead, A. S. R., & Fischer, A. H. (2001). Social appraisal: The social world as object of and influence on appraisal processes. In K. R. Scherer, A. Schorr, & T. Johnstone (Eds.), *Appraisal processes in emotion: Theory, methods, research.* New York: Oxford University Press. pp. 221-232.
Manuck, S. B. (1994). Cardiovascular reactivity in cardiovascular disease: "Once more unto the breach." *International Journal of Behavioral Medicine, 1,* 4-31.
松村健太・澤田幸展（2004）．精神的ストレス負荷時の血行力学的反応パターンとコントロール可能性　生理心理学と精神生理学，22，247-255.
Mayne, T. J. (1999). Negative affect and health: The importance of being earnest. *Cognition and Emotion, 13,* 601-635.
McEwen, B. S., & Seeman, T. (2002). Stress and affect: Applicability of the concepts of allostasis and allostatic load. *Handbook of affective science.* London: Oxford University Press. pp. 1117-1137.
Mechanic, D. (1962). *Students under stress.* New York: The Free Press of Glencoe.
Mendolia, M., & Kleck, R. E. (1993). Effects of talking about a stressful event on arousal: Does what we talk about make a difference? *Journal of Personality and Social Psychology, 64,* 283-292.
Mischel, W., & Ayduk, O. (2004). Willpower in a cognitive-affective processing system: The dynamics of delay of gratification. In R. F. Baumeister, & K. D. Vohs (Eds.), *Handbook of self-regulation: Research, theory, and applications.* New York:

The Guilford Press. pp. 99-129.

門地里絵 (2001). 安堵感における快感情の精神生理学的機能の研究 同志社大学大学院文学研究科博士論文（未公刊）.

門地里絵・鈴木直人 (1998). 緊張解消過程における主観的情動変化 健康心理学研究, 11, 57-63.

門地里絵・鈴木直人 (2000). 状況からみた安堵感の因子構造―緊張からの解放とやすらぎ― 心理学研究, 71, 42-50.

Monroe, S. M., & Kelley, J. M. (1995). Measurement of stress appraisal. In S. Cohen, R. C. Kessler, & L. U. Gordon (Eds.), *Measuring stress: A guide for health and social scientists*. New York: Oxford University Press. pp.122-147.（コーエン，S., ケスラー，R. C., & ゴードン，L. U. 小杉正太郎（監訳）(1999). ストレス測定法―心身の健康と心理社会的ストレス― 川島書店）

Mulac, A., & Sherman, A. R. (1974). Behavioral assessment of speech anxiety. *Quarterly Journal of Speech*, 60, 134-143.

長野祐一郎 (2005). 評価的観察が精神課題遂行中の心臓血管反応に与える影響 心理学研究, 76, 252-259.

長野祐一郎 (2010). 対人要因が血行力学的反応に与える影響の検討 同志社大学大学院文学研究科博士論文（未公刊）.

Nummenmaa, L., & Niemi, P. (2004). Inducing affective states with success-failure manipulations: A meta analysis. *Emotion*, 4, 207-214.

Oatley, K., & Duncan, E. (1994). The experience of emotions in everyday life. *Cognition and Emotion*, 8, 369-381.

Obrist, P. A. (1976). The cardiovascular - behavioral interaction: As it appears today. *Psychophysiology*, 13, 95-107.

Obrist, P. A., Gaebelein, C. J., Teller, E. S., Langer, A. W., Gringnolo, A., Light, K. C., & McCubbin, J. A. (1978). The relationship among heart rate, carotid dP/dt, and blood pressure in humans as a function of the type of stress. *Psychophysiology*, 15, 102-115.

Ochsner, K. N., Bunde, S. A., Gross, J. J., & Gabrieli, J. D. E. (2002). Rethinking feelings: An fMRI study of the cognitive regulation of emotion. *Journal of Cognitive Neuroscience*, 14, 1215-1229.

Ochsner, K. N., & Gross, J. J. (2007). The neural architecture of emotion regulation. In Gross, J. J. (Ed.), *Handbook of emotion regulation*. New York: The Guilford Press. pp. 87-109.

小川時洋・門地里絵・菊谷麻美・鈴木直人 (2000). 一般感情尺度の作成 心理学研究, 71, 241-246.

Ortony, A., Clore, G. L., & Collins, A. (1988). *The cognitive structure of emotions.* New York: Cambridge University Press.

Ostir, G. V., Berges, I. M., Markides, K. S., & Ottenbacher, K. J. (2006). Hypertension in older adults and the role of positive emotions. *Psychosomatic Medicine,* **68**, 727-733.

Palomba, D., Sarlo, M., Angrilli, A., Mini, A., & Stegagno, L. (2000). Cardiac responses associated with affective processing of unpleasant film stimuli. *International Journal of Psychophysiology,* **36**, 45-57.

Parkinson, B. (1996). Emotions are social. *British Journal of Psychology,* **87**, 663-683.

Parkinson, B., & Manstead, A. S. R. (1992). Appraisal as a cause of emotion. In M. S. Clark (Ed.), *Review of personality and social psychology.* Vol.13: Emotion. Newbury Park, CA: Sage. pp. 22-149.

Pickering, T. G., & Gerin, W. (1990). Cardiovascular reactivity in the laboratory and the role of behavioral factors in hypertension: A critical review. *Annals of Behavioral Medicine,* **12**, 3-16.

Plutchik, R., & Kellerman, H. (1980). *Emotion: Theory, research, and experience.* Vol. 1. *Theories of emotion.* New York: Academic Press.

Quigley, K. S., Barrett, L. F., & Weinstein, S. (2002). Cardiovascular patterns associated with threat and challenge appraisals: A within-subjects analysis. *Psychophysiology,* **39**, 292-302.

Reisenzein, R. (2006). Arnold's theory of emotion in historical perspective. *Cognition and Emotion,* **20**, 920-951.

Reisenzein, R., & Schönpflug, W. (1992). Stumpf's cognitive-evaluative theory of emotion. *American Psychologist,* **47**, 34-45.

Roseman, I. J. (1984). Cognitive determinants of emotion: A structural theory. In P. Shaver (Ed.), *Review of personality and social psychology.* Vol.5: Special issue on emotions, relationships and health. Beverly Hills, CA: Sage. pp. 11-36.

Roseman, I. J. (1991). Appraisal determinants of discrete emotions. *Cognition and Emotion,* **5**, 161-200.

Roseman, I. J., Antoniou, A. A., & Jose, P. E. (1996). Appraisal determinants of emotions: Constructing a more accurate and comprehensive theory. *Cognition and Emotion,* **10**, 241-277.

Roseman, I. J., & Kaiser, S. (2001). Applications of appraisal theory to understanding, diagnosing, and treating emotional pathology. In K. R. Scherer, A. Schorr, & T. Johnstone (Eds.), *Appraisal processes in emotion: Theory, methods, research.* New York: Oxford University Press. pp. 249-267.

Roseman, I. J. & Smith, C. A. (2001). Appraisal theory: Overview, assumptions, varieties, controversies. In K. R. Scherer, A. Schorr, & T. Johnstone (Eds.), *Appraisal processes in emotion: Theory, methods, research*. New York: Oxford University Press. pp. 3-19.

Russell, J. A. (2003). Core affect and the psychological construction of emotion. *Psychological Review*, 110, 145-172.

Rutledge, T., Linden, W., & Paul, D. (2000). Cardiovascular recovery from acute laboratory stress: Reliability and concurrent validity. *Psychosomatic Medicine*, 62, 648-654.

Ryff, C. D., & Singer, B. H. (2002). The role of emotion on pathways to positive health. In R. J. Davidson, K. R. Scherer, & H. H. Goldsmith (Eds.), *Handbook of affective science*. London: Oxford University Press. pp. 1083-1104.

Saab, P. G., & Schneiderman, N. (1993). Biobehabioral stressors, laboratory investigation, and the risk of hypertension. In J. Blascovich, & E. Katkin (Eds.), *Cardiovascular reactivity to psychological stress and disease*. Washington, DC: American Psychological Association. pp. 49-82.

澤田幸展（1990）．血圧反応性―仮説群の構築とその評価― 心理学評論，33, 209-238.

澤田幸展（1998a）．血行力学的反応 宮田 洋（監）新生理心理学1巻―生理心理学の基礎― 北大路書房 pp. 172-195.

澤田幸展（1998b）．血圧反応性の亢進は将来の高血圧発症を予測できるか？ 生理心理学と精神生理学，16, 49-64.

澤田幸展（2001）．一過性ストレス―心臓血管系血行動態を強調した視点― 心理学評論，44, 328-348.

澤田幸展（2004）．血圧回復性 心理学評論，47, 421-437.

Sawada, Y. Nagano, Y. & Tanaka, G. (2002). Mirror tracing and the provocation of vascular-dominant reaction pattern through heightened attention. *Journal of Psychophysiology*, 16, 201-210.

澤田幸展・田中豪一（1993）．インピーダンス・プレチスモグラフィー再訪 生理心理学と精神生理学，11, 47-58.

Schachter, S., & Singer, J. (1962). Cognitive, social, and physiological determinants of emotional state. *Psychological Review*, 69, 379-399.

Scherer, K. R. (1984a). Emotion as a multicomponent process: A model and some cross-cultural data. In P. Shaver (Ed.), *Review of personality and social psychology*. Vol.5: Special issue on emotions, relationships and health. Beverly Hills, CA: Sage. pp. 37-63.

Scherer, K. R. (1984b). On the nature and function of emotion: A component process approach. In K. R. Scherer, & P. Ekman (Eds.), *Approaches to emotion*. Hillsdale, NJ: Erlbaum. pp. 293-318.

Scherer, K. R. (1986). Vocal affect expression: A review and model for future research. *Psychological Bulletin*, 99, 143-165.

Scherer, K. R. (1988). Criteria for emotion-antecedent appraisal: A review. In V. Hamilton, G. H. Bower, & N. H. Frijda (Eds.), *Cognitive perspectives on emotion and motivation*. Dordrecht, The Netherlands: Nijhoff. pp. 89-126.

Scherer, K. R. (1993). Studying the emotion-antecedent appraisal process: An expert system approach. *Cognition and Emotion*, 7, 325-355.

Scherer, K. R. (1999). Appraisal theory. In T. Delgleish, and M. Power (Eds.), *Handbook of cognition and emotion*. Chichester, UK: John Wiley & Sons. pp. 637-663.

Scherer, K. R. (2004). Feelings integrate the central representation of appraisal-driven response organization in emotion. In A. S. R. Manstead, N. Frijda, & A. Fischer (Eds.), *Feeling and emotions: The Amsterdam symposium*. New York: Cambridge University Press. pp. 136-157

Schneider, T. R. (2004). The role of neuroticism on psychological and physiological stress responses. *Journal of Experimental Social Psychology*, 40, 795-804.

Schorr, A. (2001). Appraisal: The evolution of an idea. In K. R. Scherer, A. Schorr, & T. Johnstone (Eds.), *Appraisal processes in emotion: Theory, methods, research*. New York: Oxford University Press. pp. 20-34.

Schwartz, A. R., Gerin, W., Davidson, K. W., Pickering, T. G., Brosschot, J. F., Thayer, J. F., Christenfeld, N., & Linden, W. (2003). Toward a causal model of cardiovascular responses to stress and the development of cardiovascular disease. *Psychosomatic Medicine*, 65, 22-35.

Schwartz, J. E. (1999). Comment on "negative emotions and acute cardiovascular responses to laboratory challenges". *Annals of Behavioral Medicine*, 21, 225-226.

Segerstrom, S. C., & Miller, G. E. (2004). Psychological stress and human immune system: A meta-analytic study of 30 years of inquiry. *Psychological Bulletin*, 130, 601-630.

Seligman, M. E. P. (1975). *Helplessness: On depression, development and death*. San Francisco, CA: W. H. Freeman.

Selye, H. (1956). *The stress of life*. New York: McGraw-Hill.

Sherwood, A., Allen, M. T., Fahrenberg, J., Kelsey, R. M., Lovallo, W. R., & van Dooren, L. J. P. (1990). Methodological guidelines for impedance cardiography.

Psychophysiology, 27, 1-23.

Sherwood, A., Allen, M. T., Obrist, P. A., & Langer, A. W. (1986). Evaluation of beta-adrenergic influences on cardiovascular and metabolic adjustments to physical and psychological stress. *Psychophysiology*, 23, 89-104.

Sherwood, A., Dolan, C. A., & Light, K. C. (1990). Hemodynamics of blood pressure responses during active and passive coping. *Psychophysiology*, 27, 656-668.

Sherwood, A., Johnson, K., Blumenthal, J. A., & Hinderliter, A. L. (1999). Endothelial function and hemodynamic responses during mental stress. *Psychosomatic Medicine*, 61, 365-370.

Sherwood, A., & Turner, J. R. (1995). Hemodynamic responses during psychological stress: Implications for studying disease processes. *International Journal of Behavioral Medicine*, 2, 193-218.

Skinner, N., & Brewer, N. (2002). The dynamics of threat and challenge appraisals prior to stressful achievement events. *Journal of Personality and Social Psychology*, 83, 678-692.

Smith, C. A., & Ellsworth, P. C. (1985). Patterns of appraisal in emotion. *Journal of Personality and Social Psychology*, 48, 813-838.

Smith, C. A., & Lazarus, R. S. (1993). Appraisal components, core relational themes, and the emotions. *Cognition and Emotion*, 7, 233-269.

Smith, T. W., & Gerin, W. (1998). The social psychophysiology of cardiovascular response: An introduction to the special issue. *Annals of Behavioral Medicine*, 20, 243-246.

Solomon, R. C. (1976). *The passions: The myth and nature of human emotion*. New York: Doubleday.

Speisman, J. C., Lazarus, R. S., Mordkoff, A., & Davison, L. (1964). Experimental reduction of stress based on ego-defense theory. *Journal of Abnormal and Social Psychology*, 68, 367-380.

Steptoe, A. (1991). Psychological coping, individual differences and physiological stress responses. In C. L. Cooper, & R. Payne (Eds.), *Personality and stress: Individual differences in the stress process*. Oxford, UK: John Wiley & Sons. pp. 205-233.

Steptoe, A., & Vögele, C. (1986). Are stress response influenced by cognitive appraisal? An experimental comparison of coping strategies. *British Journal of Psychology*, 77, 243-255.

Steptoe, A., Wardle, J., & Marmot, M. (2005). Positive affect and health-related neuroendocrine, cardiovascular, and inflammatory process. *Proceedings of the*

National Academy of Science of the United States of America, 102, 6508-6512.
Stewart, J. C., Janicki, D. L., & Kamarck, T. W. (2006). Cardiovascular reactivity to and recovery from psychological challenge as predictors of 3-year change in blood pressure. *Health Psychology*, 25, 111-118.
Strongman, K. T. (2003). The psychology of emotion: From everyday life to theory. New York: John Wiley & Sons.
Stumpf, C. (1907). Über gefühlsempfindungen. *Zeitschrift für Psychologie und Physiologie der Sinnesorgane*, 44, 1-49.
Suls, J., & Bunde, J. (2005). Anger, anxiety, and depression as risk factors for cardiovascular disease: The problems and implications of overlapping affective dispositions. *Psychological Bulletin*, 131, 260-300.
鈴木伸一・坂野雄二（1998）．認知的評価測定尺度（CARS）作成の試み　ヒューマンサイエンスリサーチ（早稲田大学大学院人間科学研究科），7, 113-124.
田中豪一（2001）．ストレス評価のパラダイム―心臓血管系指標，反応型と疾病の前駆症状―　生理心理学と精神生理学，19, 53-60.
手塚洋介・福田美紀・村山奈穂・中山麻紀・鈴木直人（2010）．挑戦／脅威評価が心臓血管反応の喚起と持続に及ぼす影響　行動科学，49, 11-17.
手塚洋介・福田美紀・鈴木直人（2010）．状況の再評価がネガティブ感情の持続と反復体験に及ぼす影響　健康心理学研究，23(1), 21-31.
手塚洋介・城　佳子・長野祐一郎・鈴木直人・児玉昌久（2008）．ネガティブ感情および心臓血管反応の喚起に及ぼす認知的評価の影響　同志社心理，55, 252-262.
手塚洋介・村山奈穂・鈴木直人（2007）．社会的要因がネガティブ感情体験と心臓血管反応の持続に及ぼす影響　生理心理学と精神生理学，25, 140.
手塚洋介・鈴木直人・児玉昌久（2005）．認知的評価に関する精神生理学的研究―最近40年の関連研究の動向―　ストレス科学研究，20, 49-56.
手塚洋介・敦賀麻理子・村瀬裕子・鈴木直人（2007）．認知的評価がネガティブ感情体験および心臓血管反応の持続に及ぼす影響　心理学研究，78, 42-50.
Titchener, E. B. (1908). *Lectures on the elementary psychology of feeling and affection*. New York: MacMillan.
Tomaka, J., Blascovich, J., Kelsey, R., & Leitten, C. L. (1993). Subjective, physiological, and behavioral effects of threat and challenge appraisal. *Journal of Personality and Social Psychology*, 65, 248-260.
Tomaka, J., Blascovich, J., Kibler, J., & Ernst, J. M. (1997). Cognitive and physiological antecedents of threat and challenge appraisal. *Journal of Personality and Social Psychology*, 73, 63-72.
Treiber, F. A., Kamarck, T., Schneiderman, N., Sheffield, D., Kapuku, G., & Taylor, T.

(2003). Cardiovascular reactivity and development of preclinical and clinical disease states. *Psychosomatic Medicine*, 65, 46-62.

Treiber, F., Papavassiliou, D., Gutin, B., Malpass, D., Yi, W., Islam, S., Davis, H., & Strong, W. (1997). Determinants of endothelium-dependent femoral artery vasolidation in youth. *Psychosomatic Medicine*, 59, 376-381.

津田　彰・原口雅浩(1991). ストレスとコントロール　佐藤昭夫・朝長正徳(編)スト レスと積極的対応　藤田企画出版　pp. 164-172.

敦賀麻理子・鈴木直人(2007). "あがり"経験の反復が心理的反応および精神生理学的反応に及ぼす影響　感情心理学研究, 14, 115-128.

Tugade, M. M., & Fredrickson, B. L. (2004). Resilient individuals use positive emotions to bounce back from negative emotional experiences. *Journal of Personality and Social Psychology*, 86, 320-333.

Vitaliano, P. P., Russo, J., Paulsen, V. M., & Bailey, S. L. (1995). Cardiovascular recovery from laboratory stress: Biopsychosocial concomitants in older adults. *Journal of Psychosomatic Research*, 39, 361-377.

Walden, T. A., & Smith, M. C. (1997). Emotion regulation. *Motivation and Emotion*, 21, 7-25.

Waldstein, S. R., Bachen, E. A., & Manuck, S. B. (1997). Active coping and cardiovascular reactivity: A multiplicity of influences. *Psychosomatic Medicine*, 59, 620-625.

Waldstein, S. R., Neumann, S. A., Burns, H. O., & Maier, K. J. (1998). Role-played interpersonal interaction: Ecological validity and cardiovascular reactivity. *Annals of Behavioral Medicine*, 20, 302-309.

Watts, F. N. (1992). Applications of current cognitive theories of the emotions to the conceptualization of emotional disorders. *British Journal of Clinical Psychology*, 31, 153-167.

Weiner, B. (1982). The emotional consequences of causal attributions. In M. S. Clark, & S. T. Fiske (Eds.), *Affect and cognition: The 17th Annual Carnegie Symposium on Cognition*. Hillsdale, NJ: Erlbaum. pp. 185-209.

Weiner, B. (1986). *An attributional theory of motivation and emotion*. New York: Springer.

White, R. W. (1956). *The abnormal psychology*. New York: The Ronald Press Company.

Williams, R. B. Jr. (1986). Patterns of reactivity and stress. In K. A. Matthews, S. M. Weiss, T. Detre, T. M. Dembroski, B. Falkner, S. B. Manuck, & R. B. Jr. Williams (Eds.), *Handbook of stress, reactivity, and cardiovascular disease*. New York: John

Wiley & Sons. pp. 109-125.
Wright, R. A., & Kirby, L. D. (2003). Cardiovascular correlates of challenge and threat appraisals: A critical examination of the biopsychosocial analysis. *Personality and Social Psychology Review*, 7, 216-233.
Wundt, W. (1910). *Grundzüge der physiologischen Psychologie* (6th ed.). Leipzig, Deutschland: Engelmann.
Zajonc, R. B. (1980). Feeling and thinking: Preferences need no inferences. *American Psychologist*, 35, 151-175.
Zajonc, R. B. (1984). On the primacy of affect. *American Psychologist*, 39, 117-123.

索　引

人名索引

A

Aiello, J. R.　82
al'Absi, M.　64,91,95
Alfert, E.　14,26,33,42,52,53,56
Allen, M. T.　31,32
Angrilli, A.　52
Antoniou, A. A.,　19
Appley, M. H.　16
Aquinas　10
Aristotle　10
Arnold, M. B.　11-14,16,17,19
Arthur, C. M.　83
Auerbach, S. M.　43
Ayduk, O.　97

B

Bachen, E. A.　29
Bailey, S. L.　40
Baker, R. W.　13
Bandura, A.　18
Barlow, D. H.　96
Barrett, K. C.　25
Barrett, L. F.　35
Beck, A. T.　18
Berges, I. M.　95
Berntson, G. G.　44
Blascovich, J.　28,34,35,37,64,65,77,
　78,83,91
Blumenthal, J. A.　34
Bongard, S.　64,95
Bovbjerg, D. H.　37

Bowlby, J.　25
Brandt, M.　39
Branigan, C.　77
Brewer, N.　39
Brosschot, J. F.　34
Brownly, K. A.　29
Buchanan, T.　64
Bunde, J.　24
Bunde, S. A.　96
Burns, H. O.　36
Burroughs, W. J.　38

C

Cacioppo, J. T.　17,24,44
Campbell-Sills, L.　96
Campos, J. J.　25
Cannon, W. B.　10,25
Carroll, D.　29
Christenfeld, N.　29,32,34,36,37,40,95
Clore, G. L.　20
Cohen, S.　24,95
Collins, A.　20
Con, A.　37
Cooper, C.　17
Cornelius, R. R.　10,11,18,38,96
Crowell, M. D.　32

D

Dandoy, A. C.　26
Darrow, C. W.　29
Darwin, C.　10

Davidson, K.   29,37,40
Davidson, K. W.   34,37,95
Davidson, R. J.   17,24
Davis, H.   34
Davison, L.   13,44
de Rivera, J.   20
Descartes   10
Deutsh, F.   17
Dewe, P.   17
Dickerson, S. S.   96
Dienstbier, R. A.   97
Dolan, C. A.,   32
Duncan, E   39

E
Earle, T. L.   40,78
Eder, A. B.   98
Ellsworth, P. C.   19
Ernst, J. M.   28

F
Fahrenberg, J.   31
Fischer, A. H.   54
Folkman, S.   15,17,33,38,39,63,65,68,76,78,96
Fredrickson, B. L.   77
Freeman, G. L.   40
Freud, S.   25
Frijda, N. H.   18,19,38

G
Gabrieli, J. D. E.   96
Gaebelein, C. J.   30
Gaensbauer, T. J.   25
Gannon, L. R.   39
Gerin, W.   29,32,33,34,37,39,40,54,64,65,95
Ginsburg, G. P.,   35

Glass, D. C.   18
Glynn, L. M.,   32,40,59,77,78
Glynn, L.,   29,37
Goldsmith, H. H.   25
Goldstein, A. G.   26
Goyal, T.   95
Gringnolo, A.,   30
Grinker, R. R.   12
Gross, J. J.   2, 20, 24-28, 36-38, 42, 52-54,56,66,95-97
Guethlein, W.   31
Gutin, B.   34

H
Hartley, T. R.   35,37
Hassett, J.   2,29
Hatfield, E.   44
Haynes, S. N.   39
Heffner, K.   35
Hemenover, S. H.   97
Herrald, M. M.   54
Hilton, S. M.   30
Hinderliter, A. L.   34
Hinds, H.   38
Holms, D. S.   38
Hommel, B.   98
Houston, B. K.   36,38
Houwer, J. D.   98
Hume   10
Hunter, S. B.   65
Hurwitz, B. E.,   29

I
Islam, S.   34
Izard, C. E.   19,25

J
Jackson, D. C.   24,78

James, W. 10, 11, 13
Janicki, D. L. 39
Janis, I. L. 12
Jennings, J. R. 29
Johnson, K., 34
Johnstone, T. 97
Jose, P. E. 19
Julius, S. 31

K

Kagan, J. 29
Kaiser, S. 96, 97
Kamarck, T. W. 39, 64
Kamark, T. W. 40
Kaplan, J. R. 39
Kapuku, G. 64
Katkin, E. S. 34, 78
Kawachi, I. 24
Kellerman, H. 36
Kelley, J. M. 17, 96
Kelsey, R. 28
Kelsey, R. M. 31, 83, 91
Keltner, D. 2
Kemeny, M. E. 96
Kibler, J. 28
Kirby, L. D. 35
Kleck, R. E. 38
Klein, D. J. 44
Kleinginna, A. M. 18
Kleinginna, P. R. Jr. 18
Kluger, A. N. 82
Kodama, M. 14
Koole, S. L. 2, 25, 28, 97, 98
Kowai-Bell, N. 65
Kubzansky, L. D. 24

L

Lacey, B. C. 29, 52
Lacey, J. I. 29, 52
Laird, J. D. 19
Lamb, M. E., 25
Lange, C. G. 25
Langer, A. W. 30, 32
Langer, E. 97
Larson, C. L. 24
Lazarus, R. S. 2, 10-21, 25-27, 33-35, 38, 39, 42-44, 52-54, 56, 63, 65, 68, 78, 91, 92, 94, 96, 97
Leitten, C. L. 28, 83, 91
Levenson, R. W. 2, 24-26, 54, 77
Leventhal, H. 18
Lewinsohn, S. 82
Licinio, J. 64
Lickel, B. 65
Light, K. C. 30, 32
Linden, W. 34, 37, 39, 40, 65, 78
Lovallo, W. 64
Lovallo, W. R 31, 40
Lyons, W. 10

M

Maier, K. J. 35-37, 54
Malmstadt, J. R. 24
Malpass, D. 34
Mancuso, R. A 77
Manstead, A. S. R. 54, 82
Manuck, S. B. 29, 39
Markides, K. S. 95
Marmot, M. 95
Mayne, T. J. 2, 24, 98
McCubbin, J. A. 30
McEwen, B. S. 24
Mechanic, D. 12
Mendes, W. B. 35, 37, 65, 77
Mendolia, M. 38
Mezzacappa, E. S. 31

Miller, G. E.　96
Mini, A.　52
Mischel, W.　97
Monroe, S. M.　17,96
Mordkoff, A.　13,44
Moskowitz, J. T.　76
Moss, H.　29
Mulac, A.　57
Muñoz, R. F.　97

N
Nagano, Y.　32
Neumann, S. A.,　36
Niemi, P.　68,82
Nomikos, M. S.　14
Nummenmaa, L.　68,82

O
O' Brien, W. H.,　39
Oatley, K.,　39
Obrist, P. A.　30-32,36
Ochsner, K. N.　96
Opton, E. M.　14
Ortony, A..　20
Ostir, G. V.　95
Ottenbacher, K. J.　95

P
Palomba, D.　52
Papavassiliou, D.　34
Parkinson, B.　54,82
Paul, D.　78
Paulsen, V. M.　40
Pickering, T. G.　29,34,39
Pincomb, G. A.　64
Plato　10
Plutchik, R.　36
Pressman, S. D.　95

Q
Quigley, K. S.　35,57

R
Rankin, N. O.　14
Reiff, S.　31
Reisenzein, R.　10,12,14
Rodriguez, M. S.　24
Roseman, I. J.　19,20,96
Russell, J. A.　2
Russo, J.　40
Rutledge, T.　37,78
Ryff, C. D.　24

S
Saab, P. G.　34,78
Salomon, K.　35
Sanders, M.　37
Sarlo, M.　52
Sawada, Y.　32
Schachter, S.　18
Scherer, K. R.　2,12,16,18-20,38,97
Schneider, T. R.　31,35,83,91
Schneiderman, N.　29,34,64,78
Schönpflug, W.　10
Schorr, A.　10,12,17,18
Schwartz, A. R.　34,37,40,78,79,95
Schwartz, A.,　29
Schwartz, J. E.　78,95
Seeman, T.　24
Seery, M.　35
Segerstrom, S. C.　96
Seligman, M. E. P.　18
Selye, H.　12,16
Seneca　10
Sheffield, D.　37,64
Sherman, A. R.　57
Sherwood, A.　31,32,34,78

Singer, B. H.　24
Singer, J.　18
Singer, J. E.　18
Skinner, N.　38
Smith, C. A.　19, 20, 54
Smith, M. C.　36
Smith, T. W.,　33, 54
Socrates　10
Soderlund, K.　83
Solomon, R. C.　20
Speisman, J. C.　13, 14, 26, 33, 42, 43, 44, 52
Spiegel, J. P.　12
Spinoza　10
Stegagno, L.　52
Stenberg, C.　25
Steptoe, A.　24, 26, 28, 42, 95
Stewart, J. C.　39
Strawn, W.　39
Strong, W.　34
Strongman, K. T.　54
Strout, S.　19
Stumpf, C.　10
Suls, J.　24
Synowski, S. J.　35

T
Tanaka, G.　32
Taylor, T.　64
Teller, E. S.　30
Thayer, J. F.　34
Thompson, R. A.　2, 24, 28, 96, 97
Titchener, E. B.　10
Tomaka, J.,　28, 33-35, 37, 42, 54, 56-58, 68, 83, 91
Tomita, M.　14
Treiber, F.　34, 78
Treiber, F. A.　64

Trumbull, R.　16
Tugade, M. M.　77
Turner, J. R.　32

V
van der Molen, M. W.　29
van Dooren, L. J. P.　39
Van Reekum, C. M.　97
Vitaliano, P. P.　40
Vögele, C.　26, 28, 42

W
Walden, T. A.,　36
Waldstein, S. R.　29, 32, 35-37
Wardle, J.　95
Watts, F. N.　96
Wehrle, T.　97
Weinberg, J.　40
Weiner, B.　19
Weinstein, S.　35
White, R. W.　38
Wiens, S.　31, 83, 91
Williams, J. K.　39
Williams, R. B. Jr.　31, 32, 52
Wright, R. A.　35
Wundt, W.　10

Y
Yi, W.　34

Z
Zajonc, R. B.　18, 20

あ行
上里一郎　39
井澤修平　45
伊藤拓　39
岩崎健二　17

遠藤利彦　2
大塚泰正　17
小川時洋　58,70,84

か行
菊谷麻美　58
京谷美奈子　17
小杉正太郎　16,17
児玉昌久　2,16,21,43,45

さ行
齊藤勇　10
坂野雄二　70
澤田幸展　29-32,37,40,64,78
城佳子　43,45
鈴木綾子　17
鈴木伸一　70
鈴木直人　10,21,43,56,58,64,69,76,
　83,94,95

た行
高橋修　17
田中豪一　31,34,78,79,95
津田彰　43
敦賀麻理子　64,69,83,95
手塚洋介　21,28,35,36,43,56,57,64,
　68,69,83

な行
長野祐一郎　32,33,36,43,46,52,54
中山麻紀　56

は行
濱治世　2,10,29
濱保久　2,10,29
原口雅浩　43
平井久　2
平田麗　45
福田美紀　56,83

ま行
松村健太　32
村瀬裕子　68
村山奈穂　56
門地里絵　58,76,94

や行
山中祥男　2

ら行
老子　10

事項索引

あ行
αアドレナリン作動性交感神経　30,34,77
βアドレナリン作動性交感神経　30,34,77
安堵感　94
一次評価　14,33,65,96
インピーダンスカーディオグラフィー　31
ウェルビーイング　13,25

か行
課題の反復　82,90
環境の取入-拒否モデル　29,52
感情　2,10,16,24,36
感情障害　96
感情制御　20,25,36,42,56,68,82,94
感情の法則　18
感情表出の抑制　25
感情理論　10
気分　2
脅威　12,33,65,68,90
血圧　30,37,42,64,76,91,94
血管優位型反応パターン（血管型）　31,34,51,64
血行力学的反応（血行動態）　31,35,42,91
健康　2,16,24,34,39,65,79,82,96
コアリレイショナルテーマ　19
交感神経活動　25,30
高血圧　24,78,95
行動主義　10,16,36

さ行
再評価　15,27,38,42,65,68,82,94
自我関与　54,65,82
資源評価　35,57
社会精神生理学　33,36-37
社会的要因　54,56
主観的情感（主観的感情体験）　2,16,51,63,76,94
馴化　91
循環系疾患　24,29,95
情動　2
情動焦点型対処　15
自律神経活動　12,24,36,95
心臓血管系疾患　34
心臓血管系精神生理学　28,39
心臓血管反応　28,36,51,63,76,94
心臓血管反応の持続（回復性）　39,65,68,76,91,94
心臓迷走神経　31,77
心臓優位型反応パターン（心臓型）　31,34,52,64
身体疾患　24,36,95
心拍出量（CO）　31,34,51,64,77,91
心拍数（HR）　29,42,52,64,78
ストレス　12,16,27,36,97
ストレス反応　12,16,33
スピーチ課題　57,69,84
成功-失敗　82
精神疾患　24,96
全末梢抵抗（TPR）　31,34,51,64,77,91,95

た行
対処行動（対処様式）　15,25,29-30,97
知覚　10
挑戦　15,33
挑戦-脅威モデル　35,37,56,63,77,94
適応　2,17,24,30,39,76,97

な行

二次評価　14,33,65,96
認識論　10
認知革命　17
認知的再評価　15
認知的評価　2,12,26,33,36,42,56,68,82,94
認知と感情に関する論争　18
ネガティブ感情　2,16,37,51,76,91,94
ネガティブ感情の解消　76,95
ネガティブ感情の持続　39,56,65,68,82,94
能動的対処-受動的対処モデル　30

は行

汎適応症候群　12

評価　10
評価理論　10,18,35
プロセスモデル　26
防衛的再評価　14,38
ポジティブ感情　12,51,76,91,94
ホメオスタシス　12,24

ま行

慢性化　83,90
問題焦点型対処　15

や行

要求評価　35,57
予期　43

あとがき

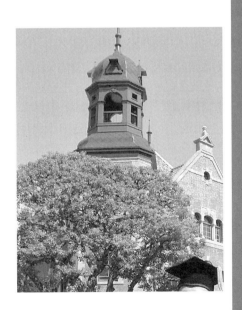

あとがき

　感情制御は，昨今の感情研究において主要な研究テーマのひとつに挙げられるが，これには J. J. Gross の貢献が大きい。一昔前まで，感情のコントロールといえば学術研究であれ素人理論であれ，中心となるのは"表出の抑制"であった。Gross はそこに，感情喚起過程と関連させた"入力"の観点を導入し，評価を含むいくつかの処理過程を反映したモデルを提案した。本書でも触れたが，現在，ストレスコーピングや防衛機制など他の類似の現象をも包括する形で，心理学の多領域でこのモデルが参照されている。気になるのは，このモデルを無批判に受け入れているような研究も散見される点である。極端に言えば，猫も杓子もと表現したくなるほどに"再評価"という概念が受容されている現状を目にし，これまた本論で取り上げたが，何をもって"再"と謳っているのか，"再評価"を実証的に検討しているのかなどと，それらの研究に懐疑的な目を向ける自分がいる。本書の発行に至った動機の一因である。

　かくいう私自身も，かつては Gross の"再評価"（正しくはそれに影響を与えた R. S. Lazarus の評価理論）の信者だったわけだが，既存モデルや理論に批判的に接する視点を養う機会を与えてくれたのが，本書に掲載した実証研究を行う過程（課程）であった。修士課程まで指導いただいた児玉昌久先生は，Gross のプロセスモデルの基礎となる認知的評価理論を提唱した Lazarus の共同研究者であった。修士課程在籍の2000年当時，Lazarus の最新書に触れながら児玉先生とのやりとりを通じて評価理論ならびに精神生理学実験に魅了され，本書のテーマに取り組むようになった。ただ，当時の私は，Lazarus の評価理論（≒ Gross のプロセスモデル）をほぼ無批判に受け入れて研究に取り組んでいた（研究１）。博士課程後期課程でも同様のテーマで研究を継続したが，そこで指導いただいた鈴木直人先生から言われた「俺は Lazarus は嫌いや」という（あくまで彼の提唱した理論に対してであろう）一言は，今でも強烈に脳裏に焼き付いている。やや行動主義的（?）であった鈴木先生からすると，評価理論に代表されるいわゆるブラックボックス的要素を独立変数として扱うことに抵抗があったのだと推察される（勝手な思い込みかもしれません，ご容赦ください）。しかし，同時にこんな言葉もいただいた。「あんたは早稲田出身なんやから，無理に同志社の心理学をする必要なんかないんやで。早稲田で学んだストレス研究と，同志社の感情研究の"いいとこどり"をしたらええんや」と。鈴木先生はまた，既存のモデルを無批判に受け入れることを嫌がる方であった。こうした研究環境の下，同時期に Gross のプロセスモデルならびに J. Blascovich らの挑戦‐脅威モデルなどが学界

で認知されつつある中で取り組んだのが，本書の主たる研究であった（研究2‐4）。

　本書は，平成22年に同志社大学に提出した博士論文の一部である。論文提出から随分と時間が経ったにもかかわらず発行に踏み切ったのには理由がある。科学研究費補助金の研究成果公開促進費の助成を受けられたのが大きいが，科研費申請に至った一番の理由は，Grossのプロセスモデルを取り巻く現状への違和感であった。博士論文提出の前後から，海外に加えて本邦でもこのモデルを軸とする研究を目にする機会が増える中，上述した批判的感覚から，自身の博士論文が昨今の感情制御研究に何らかの知見を提供できるのではないかと思うようになった。特に，プロセスモデルの背景にある評価理論の誕生から変遷，さらには精神生理学的手法を用いる有用性について，当該研究に携わる方々にご理解いただければ幸いである。ただし，博士論文提出後から今日に至るまでに，当然ながら感情制御研究は進展し続けている。新しい知見も踏まえて本書を執筆することも考えたが，掲載した実験データを含む全体的な整合性を重視し，内容はほとんど変えずに発行することとした。そのため，今となっては有用性に乏しい内容かもしれないが，批判的であれ，何らかの参考になればと願っている。

　さて，本書が発行される一月後に2人の恩師が定年退職を迎える。お一人は鈴木先生，もうお一人は荒木雅信先生である。荒木先生は，私が大阪体育大学に着任して以来，もっともお世話になったと同時にもっともご迷惑をおかけした方である。拙著と承知のうえで，鈴木先生と荒木先生のご退職の贐になれば幸いである。これまでご指導いただいたことへの感謝を込めて，児玉先生，鈴木先生，荒木先生，3名の恩師に本書を捧げたい。

　最後になったが，本書に掲載した実験の共同研究者各位，これまで交流いただいた諸先生・先輩・同朋の皆様に感謝するとともに，科研費の申請を後押ししてくれた友野隆成氏（宮城学院大学），アカデミアへと導いてくれた長野祐一郎氏（文京学院大学），上地広昭氏（山口大学），小川時洋氏（科学警察研究所）そして門地里絵氏（花王株式会社）の各先輩に，この場を借りてお礼を申し上げたい。重ねて，出版をご快諾いただき，遅々として進まぬ作業を我慢強くご支援いただいた株式会社ナカニシヤ出版の宍倉由髙様に謝意を示して，擱筆させていただく。

2018年2月
筆者

著者紹介
手塚洋介（てづか ようすけ）博士（心理学）
2000年　早稲田大学人間科学部　卒業
2007年　同志社大学大学院文学研究科心理学専攻　博士課程後期課程退学
現職　　大阪体育大学体育学部　准教授

主要著作物
生理心理学と精神生理学第Ⅱ巻（分担執筆；2017年　北大路書房）
心理学概論［第2版］（分担執筆；2014年　ナカニシヤ出版）
日々の生活に役立つ心理学（分担執筆；2014年　川島書店）
ストレス科学事典（分担執筆；2011年　実務教育出版）　他

感情制御の精神生理学
快不快の認知的評価

2018年2月10日　初版第1刷発行　　　定価はカヴァーに表示してあります

　　　　著　者　手塚洋介
　　　　発行者　中西　良
　　　　発行所　株式会社ナカニシヤ出版
　　　〒606-8161　京都市左京区一乗寺木ノ本町15番地
　　　　　　　　　　Telephone　075-723-0111
　　　　　　　　　　Facsimile　075-723-0095
　　　　　　　Website　http://www.nakanishiya.co.jp/
　　　　　　　Email　iihon-ippai@nakanishiya.co.jp
　　　　　　　　　郵便振替　01030-0-13128

装幀＝白沢　正／印刷・製本＝亜細亜印刷株式会社
The Function of Cognitive Appraisal on Emotion Regulation:
　A Psychophysiological Study
Copyright ©2018 by Y. Tezuka
Printed in Japan
ISBN978-4-7795-1225-4 C3011

本書のコピー，スキャン，デジタル化等の無断複製は著作権法上での例外を除き禁じられています。本書を代行業者等の第三者に依頼してスキャンやデジタル化することはたとえ個人や家庭内の利用であっても著作権法上認められておりません。